Verkehrssichere Anlage und Gestaltung von Radwegen

von

Wilhelm Angenendt
Jalal Bader
Thorsten Butz
Barbara Cieslik
Werner Draeger
Harald Friese
Dorotheé Klöckner
Margit Lenssen
Markus Wilken

Büro für integrierte
Stadt- und Verkehrsplanung

Berichte der
Bundesanstalt für Straßenwesen

Verkehrstechnik   Heft V 9

Die Bundesanstalt für Straßenwesen veröffentlicht Ergebnisse aus ihrer Arbeit, vor allem Forschungsvorhaben, in der Schriftenreihe **Berichte der Bundesanstalt für Straßenwesen**. Die Reihe besteht aus folgenden Unterreihen:

A – Allgemeines
B – Brücken- und Ingenieurbau
F – Fahrzeugtechnik
M – Mensch und Sicherheit
S – Straßenbau
V – Verkehrstechnik

Es wird darauf hingewiesen, daß die unter dem Namen der Verfasser veröffentlichten Berichte nicht in jedem Fall die Ansicht des Herausgebers wiedergeben.

Nachdruck und photomechanische Wiedergabe, auch auszugsweise, nur mit Genehmigung der Bundesanstalt für Straßenwesen, Referat Öffentlichkeitsarbeit.

Die Hefte der Schriftenreihe **Berichte der Bundesanstalt für Straßenwesen** können direkt beim Wirtschaftsverlag NW, Verlag für neue Wissenschaft GmbH, Am Alten Hafen 113-115, D-27568 Bremerhaven, Telefon (04 71) 4 60 93-95, bezogen werden.

Über die Forschungsergebnisse und ihre Veröffentlichungen wird in Kurzform im Informationsdienst **BASt-Info** berichtet. Dieser Dienst wird kostenlos abgegeben; Interessenten wenden sich bitte an die Bundesanstalt für Straßenwesen, Referat Öffentlichkeitsarbeit.

Impressum

Bericht zum Forschungs- und Entwicklungsvorhaben 4.70277 des Bundesverkehrsministeriums:
Einfluß der Anlage und Gestaltung von Radwegen auf die Verkehrssicherheit

Projektbetreuung:
Sigrid Metz-Dörner, Roland Weber

Herausgeber:
Bundesanstalt für Straßenwesen
Brüderstraße 53, D-51427 Bergisch Gladbach
Telefon (0 22 04) 43-0
Telefax (0 22 04) 43-8 32

Redaktion:
Referat Öffentlichkeitsarbeit

Druck und Verlag:
Wirtschaftsverlag NW
Verlag für neue Wissenschaft GmbH
Postfach 10 11 10, D-27511 Bremerhaven
Telefon (04 71) 4 60 93-95
Telefax (04 71) 4 27 65

ISSN 0943-9331
ISBN 3-89429-384-5

Bergisch Gladbach, 2. Auflage, September 1994

Kurzfassung · Abstract · Résumé

Verkehrssichere Anlage und Gestaltung von Radwegen

Im Rahmen des Forschungsvorhabens wird untersucht, auf welche Art der Radverkehr auf (Haupt-) Verkehrsstraßen mit hoher Nutzungsdichte und -vielfalt unter den jeweils vorliegenden Verhältnissen baulicher, verkehrlicher, betrieblicher und umfeldbezogener Art am sichersten zu führen ist.

Kernpunkt der Untersuchung ist die Ermittlung und Abgrenzung der Einsatzbereiche von Radwegen, Radfahrstreifen sowie die Führung des Radverkehrs auf der Fahrbahn ohne besondere Führungshilfen. Insbesondere für den Bereich der Radwege werden Hinweise zur Gestaltung der Anlagen im Detail entwickelt.

Die Ableitung der Aussagen zur sicherheitswirksamen Führung des Radverkehrs erfolgt auf der Grundlage von Unfallanalysen sowie von Untersuchungen des Verkehrsablaufs (Verkehrsverhaltensbeobachtungen), in die insgesamt 41 Fallbeispiele aus 12 deutschen Städten einbezogen wurden.

Layout and Design of Safe Bicycle Facilities

In the context of the research project, the relative safety merits of various types of bicycle facilities have been studied on heavily trafficked and variously used (major) roads, taking prevailing traffic conditions as well as the existing constructional, operational and environmental conditions into consideration.

The central point of the study has been identifying and defining the areas where bicycle paths and bicycle lanes would be the appropriate solution or where cyclists should use the roadway without any special guidance facilities. Detailed design information is included in the report especially for the area of bicycle paths.

The information on the relative safety merits of bicycle facilities has been derived based on accident analyses and traffic flow studies (traffic behaviour observations), comprising a total of 41 case studies from 12 German cities.

Conception et aménagement de pistes cyclables sûres

Dans le cadre d'un projet de recherche, on étudie la question de l'aménagement le plus sûr possible des pistes cyclables au bord de routes (principales) marquées par une circulation très dense et une utilisation très variée, prenant aussi en compte les conditions existantes au niveau de la construction, du service et de l'environnement.

L'étude se concentre sur l'identification et la délimitation des domaines appropriés à la mise en place de pistes cyclables ou de voies cyclables ou à un guidage des bicyclettes sur la route sans que des aides spéciales de conduite soient prévues. Pour le domaine des pistes cyclables, en particulier, le rapport contient des informations détaillées relatives à la conception.

Les informations sur la sécurité relative du guidage des bicyclettes sont élaborées sur la base d'analyses d'accident ainsi que d'études sur l'écoulement de la circulation (observations du comportement dans le trafic), prenant en considération dans l'ensemble 41 cas observés dans 12 villes allemandes.

Inhalt

Vorbemerkungen 7

1 Ausgangslage 8

2 Zielsetzung und Arbeitsprogramm des Forschungsvorhabens 9

3 Derzeitiger Kenntnis- und Diskussionsstand 11

4 Auswahl und Beschreibung der Untersuchungsfallbeispiele 16
4.1 Methodisches Vorgehen 16
4.2 Typisierung und Kategorisierung der Verkehrsanlagen 16
4.3 Kriterien zur Auswahl der Untersuchungsfallbeispiele 18
4.4 Zusammenstellung und Beschreibung der Untersuchungsfallbeispiele 19
4.5 Zusammenfassung 26

5 Ergebnisse der Unfallanalysen 27
5.1 Methodisches Vorgehen 27
5.2 Anzahl der analysierten Unfälle 28
5.3 Radwegführung 29
5.4 Fahrbahnführung 39
5.5 Führung auf Radfahrstreifen 45
5.6 Zusammenfassung 46

6 Ergebnisse der Verkehrsverhaltensbeobachtungen . 46
6.1 Methodisches Vorgehen 46
6.2 Radwegführung 49
6.3 Fahrbahnführung 59
6.4 Zusammenfassung 70

7 Zusammenfassung und Interpretation der Ergebnisse 70

8 Planungsempfehlungen 78
8.1 Wahl der Radverkehrsführung 78
8.2 Hinweise zur Bemessung und Ausgestaltung der Radverkehrsführungen 82

9 Literatur 85

Anlagen 87

Vorbemerkungen

An innerörtlichen Hauptverkehrsstraßen mit intensiver und vielfältiger Nutzung bereitet die anspruchsgerechte Einbindung des Radverkehrs wegen der hohen Nutzungskonkurrenzen oft große Schwierigkeiten. Zum Teil wird sehr kontrovers diskutiert, auf welche Art (straßenbegleitende Radwege, Radfahrstreifen, Mischverkehr auf der Fahrbahn oder Sonderführungsformen) der Radverkehr auf diesen Straßen jeweils am zweckmäßigsten zu führen ist.

Auf der Basis umfangreicher Unfallanalysen und Verkehrsverhaltensbeobachtungen versucht die vorliegende Arbeit Aufschluß zu geben über die sich stellende Problematik. Es wird deutlich, daß es eine generell auf Hauptverkehrsstraßen zu bevorzugende Führungsform des Radverkehrs nicht gibt, sondern daß es in jedem planerischen Einzelfall unter Einbeziehung einer Vielzahl von Kriterien sorgfältig abgewogen werden muß, wie der Radverkehr sicher, attraktiv und mit den übrigen Nutzungen verträglich zu führen ist. Die vorliegende Arbeit gibt hierzu die erforderlichen Abwägungshilfen.

Das Projekt wurde in einem intensiven Kontakt mit dem gleichzeitig bearbeiteten BASt-Forschungsprojekt 8925 „Sicherung von Radfahrern an städtischen Knotenpunkten" (Auftragnehmer: Institut für Verkehrswirtschaft, Straßenwesen und Städtebau, Universität Hannover; Planungsgemeinschaft Verkehr [PGV], Hannover) durchgeführt. Insbesondere die fixierten Planungsempfehlungen wurden aufeinander abgestimmt.

Allen beteiligten Stellen sei für die freundliche Unterstützung des Forschungsvorhabens herzlich gedankt. Ein besonderer Dank gilt den beteiligten Stadtverwaltungen und Polizeidienststellen sowie der forschungsbegleitenden Betreuergruppe.

1 Ausgangslage

Radwege in baulicher Ausführung sind der Standardfall der Radverkehrsführung auf allen innerörtlichen Straßen mit einer höheren Nutzungsdichte und -vielfalt. Insbesondere für den Bereich der vom Kfz-Verkehr stärker frequentierten Straßen werden bauliche Radwege oft als einzige Führungsvariante angesehen, mit der Radfahrer – losgelöst vom Kfz-Verkehr – weitgehend sicher und komfortabel geführt werden können.

Unfalluntersuchungen, die sich mit der Sicherheitswirkung von Radverkehrsanlagen auseinandersetzen, machen deutlich, daß Radwege in baulicher Ausführung Radfahrern auf gemischt und intensiv genutzten Verkehrs- und Hauptstraßen in vielen Fällen einen wirksamen Schutz geben können. Aus den vorliegenden Unfallanalyseergebnissen wird jedoch auch ersichtlich, daß die Führung des Radverkehrs auf baulichen Radwegen nicht immer unproblematisch ist. So weisen eine Reihe von Anlagen dieses Typs höhere Sicherheitsdefizite in den Bereichen des punktuellen Zusammentreffens mit dem fließenden Kfz-Verkehr – den Grundstückszufahrten und Einmündungen – auf. Sicherheitsprobleme ergeben sich darüber hinaus – falls entsprechende Abschirmungen fehlen – mit dem ruhenden Verkehr sowie mit dem Fußgängerverkehr in Längs- und Querrichtung.

Die in Teilbereichen im Rahmen von Unfallanalysen (siehe Abschnitt 3) festgestellten Sicherheitsdefizite baulicher Radwege sowie Probleme bei der Einpassung anspruchsgerecht ausgestalteter Anlagen haben zu einem Überdenken der bisherigen Anwendungspraxis von Radwegen geführt. Vermehrt wird die Forderung erhoben, in manchen Fällen auf die Anlage von Radwegen zu verzichten, unzulängliche Radwege aufzulösen und den Radverkehr statt dessen – mit oder ohne Führungshilfen – auf der Fahrbahn zu führen. Hiermit einhergehend kommt es verschiedentlich zu Forderungen nach Aufhebung der Benutzungspflicht für bestehende Radwege.

Die Führung des Radverkehrs auf der Fahrbahn ohne besondere Führungshilfen stellt vor allem für das untergeordnete Straßennetz und langsam befahrene Straßen die bevorzugte Anlagenvariante mit in der Regel nur geringen Sicherheitsproblemen dar. Vom Kfz-Verkehr stark frequentierte und schnell befahrene Straßen weisen demgegenüber bei Führung auf der Fahrbahn in einer Reihe von Fällen deutliche Sicherheitsdefizite auf mit Gefährdungsschwerpunkten im Bereich des Längsverkehrs und des ruhenden Verkehrs. Es stellt sich die Frage, ob und unter welchen Rahmenverhältnissen und Einflußkonstellationen eine Fahrbahnführung des Radverkehrs auch auf vom Kfz-Verkehr stärker belasteten Straßen zu vertreten ist oder sogar empfehlenswert sein kann.

Mit der Abmarkierung von Radfahrstreifen im Fahrbahnbereich kann eine Teilseparierung der Verkehrsströme vorgenommen werden. Neuere Untersuchungen zur Radfahrstreifenproblematik machen deutlich, daß Radfahrstreifen einen günstigen Einfluß auf den Verkehrsablauf und das Sicherheitsgeschehen ausüben können, bei einer nicht situationsgerechten Einpassung und vor allem unzureichenden Breitenabmessungen und Abgrenzungen zum ruhenden Verkehr jedoch deutliche Sicherheitsrisiken auftreten. Das bisherige Einsatzfeld von Radfahrstreifen liegt überwiegend im Bereich der schwach bis mittelstark vom Kfz-Verkehr frequentierten Straßen. Einzelne positive Beispiele aus dem Feld der stärker belasteten Straßen zeigen, daß Radfahrstreifen bei entsprechender Ausgestaltung auch in diesen Bereichen – dies vor allem wegen der guten Sichtbeziehungen – eine brauchbare Alternative zu bisher herkömmlichen Führungsvarianten sein können. Es fehlt derzeit noch die Abgrenzung der genauen Einsatzfelder von Radfahrstreifen.

In einem wesentlich höheren Umfang als auf der Fahrbahn sind Radwege bisher im Gehwegbereich abmarkiert worden – dies häufig in sicherheitstechnisch und gestalterisch äußerst unbefriedigender Form. Detailliertere Betrachtungen zu den im Gehwegbereich abmarkierten Radwegen erscheinen z. Zt. als wenig angebracht, zumal diese Führungsform nur provisorische Bedeutung besitzen sollte und die Prinzipien zur Führung und Ausgestaltung aus dem Feld der baulichen Radwege abgeleitet werden können.

Die Ergebnisse der zahlreichen bisher zum Radfahrerunfallgeschehen durchgeführten Analysen liefern wichtige Anhaltswerte zu den Anwendungsfeldern der einzelnen Führungsvarianten. Einer weiterreichenden Interpretation der Unfallanalyseergebnisse mit der Ableitung konkreter Einsatzbedingungen und Ausgestaltungsformen sind jedoch in vielen Fällen Grenzen gesetzt, da häufig wichtige Bezugsgrößen zur Relativierung der Unfallzahlen – so u. a. die jeweils vorliegenden Radfahrerbelastungszahlen oder die jeweiligen Breitengebungen der untersuchten Verkehrsanlagen – fehlen. Insbesondere für das Feld der durch vielschichtige Wirkungszusammenhänge gekennzeichneten Straßen mit vielfältiger und intensiver Nutzung ist so noch nicht hinreichend geklärt, in welchen Fällen die Anlage von Radwegen Radfahrern einen wirksamen Schutz verspricht – wobei hier das Hauptaugenmerk dem Sicherungsbedarf der besonders schutzbedürftigen Radfahrer gelten muß – und unter welchen Rahmenverhältnissen baulicher, verkehrlicher, betrieblicher und umfeldbezogener Art auf Führungshilfen teilweise oder ganz verzichtet werden kann. Abklärungsbedarf ergibt sich vor allem für den Fall, daß Radverkehrsanlagen im Bereich der Strecke aufgrund der hohen Nutzungskonkurrenzen nur in Minimallösungen zu realisieren sind.

Aus der Planungspraxis von Städten und Gemeinden sowie aus neueren Forschungsarbeiten ist bekannt, daß die Einbindung und Sicherung des Radverkehrs auf (Haupt-) Verkehrsstraßen mit zu den Kernproblemen in den anstehenden Planungs- und Entwurfsaufgaben gesehen wird. Die z. Zt. gültigen Planungsempfehlungen – so die „Empfehlungen für Planung, Entwurf und Betrieb von Radverkehrsanlagen" der Forschungsgesellschaft für Straßen- und Verkehrswesen aus dem Jahre 1982 – bieten zu diesem aktuellen Problemfeld in einem nur unzureichenden Maße Planungs- und Entscheidungshilfen an. Im Hinblick auf eine ausgewogene, den unterschiedlichen Nutzungsansprüchen und Sicherheitserfordernissen entsprechenden Bemessung und Ausgestaltung von Straßen erscheint es so dringend geboten, eine Klärung der im Rahmen der Themenstrukturierung aufgeworfenen Fragen herbeizuführen.

2 Zielsetzung und Arbeitsprogramm des Forschungsvorhabens

Ausgehend von der im Abschnitt 1 aufgezeigten Problemlage, soll im Rahmen der vorliegenden Arbeit der Frage nachgegangen werden, auf welche Art der Radverkehr auf (Haupt-) Verkehrsstraßen mit hoher Nutzungsdichte und -vielfalt unter den jeweils vorliegenden Verhältnissen baulicher, verkehrlicher, betrieblicher und umfeldbezogener Art am sichersten zu führen ist. Kernpunkt der Untersuchung ist die Ermittlung und Abgrenzung der Einsatzbereiche von baulich ausgeformten Radwegen, Radfahrstreifen sowie der Führung des Radverkehrs auf der Fahrbahn ohne besondere Führungshilfen. Hiermit einhergehend gilt es, insbesondere für das Feld der baulich ausgeformten Radwege Hinweise zur Ausgestaltung der Anlagen im Detail zu entwickeln.

Die Ableitung der Aussagen zur sicherheitswirksamen Führung des Radverkehrs erfolgt auf der Grundlage von Unfallanalysen sowie von Untersuchungen des Verkehrsablaufs, in die unterschiedliche Führungsvarianten des Radverkehrs auf unterschiedlich strukturierten und genutzten (Haupt-) Verkehrsstraßen einbezogen werden. Der Schwerpunkt der Untersuchungen liegt auf dem Bereich der Strecke, die von den Knotenpunkten ausgehenden Wirkungen werden jedoch in die Betrachtungen einbezogen.

Die Fixierung der Einsatzbereiche und Ausgestaltungsformen der unterschiedlichen Führungsvarianten des Radverkehrs hat sich hierbei eng an den z. Zt. in der Planungspraxis bestehenden Fragestellungen zu orientieren, so daß mit Hilfe der Untersuchung eine brauchbare Entscheidungshilfe zur radverkehrsbezogenen Querschnittbemessung und -gestaltung von (Haupt-) Verkehrsstraßen unter Berücksichtigung der Ansprüche der übrigen Straßennutzergruppen geliefert wird.

Aus der skizzierten Aufgabenstellung und Zielsetzung des Forschungsprojektes werden die folgenden Arbeitsschritte abgeleitet:

A – Voruntersuchung

A1 – Darstellen des derzeitigen Kenntnis- und Diskussionsstandes

Kurzgefaßtes Sichten und Auswerten der vorliegenden Forschungsarbeiten und Literatur hinsichtlich der Aussagen

– zur Sicherheitsproblematik

– zu den Anwendungsbereichen und Ausgestaltungsformen der in Frage kommenden Führungsvarianten des Radverkehrs (Radweg, Radfahrstreifen, Fahrbahn ohne Führungshilfen)

A2 – Typisierung und Kategorisierung der Verkehrsanlagen

Die Typisierung und Kategorisierung der Verkehrsanlagen ist Voraussetzung für die zielgerichtete Auswahl der Untersuchungsfallbeispiele und für die spätere vergleichende Interpretation und Bewertung der erzielten Untersuchungsergebnisse. Es werden einbezogen:

- Merkmale der Straßennutzung
- bauliche und betriebliche Merkmale
- umfeldbezogene Merkmale.

Einhergehend mit der Typisierung erfolgt die Erstellung eines Kriterienkataloges zur Auswahl der Untersuchungsfallbeispiele.

A3 – Vorauswahl, Zusammenstellung und Beschreibung der möglichen Untersuchungsfallbeispiele

Die Erarbeitung der Einsatzkriterien und der zweckmäßigen Ausgestaltungsformen für die einbezogenen Führungsvarianten erfolgt auf der Grundlage von Unfallanalysen und von Untersuchungen des Verkehrsablaufs.

Im Rahmen einer Vorauswahl sollen zunächst 50 bis 60 Fallbeispiele aus dem Feld der

- baulich ausgeformten Radwege
- Radfahrstreifen
- Fahrbahnführung des Radverkehrs ohne Führungshilfen

zusammengestellt und in ihren baulichen, verkehrlichen, betrieblichen und umfeldbezogenen Merkmalen (Makroanalyse) beschrieben und dokumentiert werden.

Die Vorauswahl der Fallbeispiele wird auf der Grundlage des unter Punkt A2 erstellten Kriterienkataloges vorgenommen. Der Aufgabenstellung und Zielsetzung der Arbeit entsprechend wird vorrangig die Einbeziehung von Straßen mit einer hohen Nutzungsdichte und Nutzungsvielfalt angestrebt.

Von den 50 bis 60 im Rahmen der Vorauswahl zu berücksichtigenden Fällen sollen rd. 40 Fallbeispiele Eingang finden in die durchzuführenden Unfallanalysen. Für rd. 15 dieser Fälle sollen detaillierte Untersuchungen des Verkehrsablaufs und des Interaktionsgeschehens vorgenommen werden.

B – Hauptuntersuchung

B1 – Konkretisierung des Untersuchungs- und Bewertungssatzes

Der im Rahmen des Projektes zur Anwendung kommende Untersuchungs- und Bewertungsansatz umfaßt

- Analysen des Unfallgeschehens

zur Beurteilung der Sicherheitsbedingungen an einer größeren Zahl von Fallbeispielen (rd. 40 Fälle) und

- Verkehrssituationsanalysen

zur Erfassung und Beurteilung der Verkehrs- und Interaktionsabläufe sowie zur ergänzenden Sicherheitsbewertung an einer kleineren Anzahl von Fallbeispielen (rd. 15 Fälle weitestgehend aus dem vorgenannten Kollektiv).

Vor Durchführung der eigentlichen Hauptuntersuchung wird der vorgesehene Untersuchungs- und Bewertungsansatz in einem vorgezogenen Test auf seine Praktikabilität und Aussagekraft überprüft, konkretisiert und ggf. modifiziert.

B2 – Analyse des Unfallgeschehens

Die Beurteilung der Sicherheitsbedingungen der einzelnen Anlagetypen erfolgt auf der Basis von Unfallanalysen, in die ein Kollektiv von Untersuchungsstrecken mit einer Mindestlänge von 500 Metern einbezogen werden soll. Zur Erzielung aussagekräftiger Ergebnisse sollen sich die Unfallanalysen – in die detailliert alle Unfälle mit Radfahrerbeteiligung einzubeziehen sind – auf einen Beobachtungszeitraum von drei Jahren beziehen. Neben den schwerpunktmäßig zu behandelnden Streckenbereichen werden auch die im Bereich der Knotenpunkte aufgetretenen Unfälle berücksichtigt.

B3 – Analyse des Verkehrsablaufs

Die weitere Abschätzung der Sicherheitsbedingungen der einzelnen Führungsvarianten sowie die Beurteilung der Qualität des Verkehrsablaufs mit Herauskristallisation der Wirksamkeit einzelner Merkmalsgrößen erfolgt mit Hilfe von Verkehrsbeobachtungen im Rahmen der Verkehrssituationsanalyse (VSA). Auf situationsbezogener Basis werden hierbei sich aus den Verkehrsanlagemerkmalen ableitende Gefährdungen und Sicherheitsrisiken deutlich gemacht und gegenübergestellt. Im Rahmen der zu behandelnden Aufgabenstellung gilt es hierbei, sowohl die Wirkungen der einzelnen Anlagetypen auf den Radverkehrsablauf als auch die Einflüsse auf den Kfz- und Fußgängerverkehr mit den entsprechenden Wechselwirkungen zu analysieren. Ein besonderes Augenmerk gilt der Analyse und Interpretation der Stör- und Beeinträchtigungsfälle des Verkehrsgeschehens.

In Abhängigkeit von dem jeweils zu behandelnden Interaktionsfeld (Radverkehr / Kfz-Verkehr / Fußgängerverkehr) sollen schwerpunktmäßig folgende verkehrsablaufbezogenen Größen – die mit Hilfe der Video-Technik erfaßt werden – in die Untersuchungen einbezogen werden:

- Geschwindigkeiten des Rad- und des Kfz-Verkehrs
- Interaktionsverläufe und Abstände zwischen Radfahrern und Kraftfahrzeugen
- Interaktionsverläufe Radverkehr / Radverkehr und Radverkehr / Fußgängerverkehr im Bereich der Radwege; Querschnittsbelegungsverhalten des Radverkehrs bei unterschiedlichen Breitengebungen der Radwege und der angrenzenden Elemente
- Wegewahl (Fahrbahn / Radweg / Gehweg) der Radfahrer; Akzeptanz und Respektierung der Radverkehrsanlagen
- Regelwidriges Verkehrsverhalten
- Störungen der Verkehrsabläufe; Beeinträchtigungen und Behinderungen
- Kritische Verkehrsvorgänge

Durch die gezielte Verknüpfung der den Bewegungs- und Interaktionsverlauf kennzeichnenden Größen mit den baulichen, betrieblichen und umfeldbeschreibenden sowie verkehrsteilnehmerbezogenen Parametern, in die die situationsspezifisch aufgegliederten Unfallanalyseergebnisse einbezogen werden, soll auf die von den einzelnen Verkehrsanlagetypen ausgehenden Wirkungen unter Miteinbeziehung der Aspekte „Durchlaßfähigkeit" und Qualität der Radverkehrsanlagen geschlossen werden. Die Erhebung der Daten soll hierbei geleitet werden von der späteren Interpretationsfähigkeit der einzelnen Merkmale und Merkmalsverknüpfungen.

C – Zusammenfassende Interpretation der Ergebnisse und Empfehlungen

- Zusammenstellung, Darlegung und zusammenfassende Interpretation der erzielten Untersuchungsergebnisse
- Erarbeitung praxisorientierter Einsatzkriterien und Ausgestaltungsformen für die unterschiedlichen Führungsvarianten von Radverkehrsanlagen im Streckenbereich von (Haupt-) Verkehrsstraßen.

Bearbeitungsschwerpunkt der vorliegenden Arbeit ist der Radverkehrsablauf im Bereich der Strecke.

Parallel hierzu setzt sich im Rahmen des BASt-Projektes 8925 „Sicherung von Radfahrern an städtischen Knotenpunkten" (Auftragnehmer: Planungsgemeinschaft Verkehr, Hannover; Institut für Verkehrswirtschaft, Straßenwesen und Städtebau, Universität Hannover) eine Arbeit mit der Führungsproblematik des Radverkehrs in Kreuzungen und Einmündungen auseinander. Die Bearbeitung der beiden Forschungsprojekte – so bei der Auswahl der Untersuchungsfallbeispiele, der Festlegung des methodischen Vorgehens und der Ableitung der Planungsempfehlungen – erfolgte in enger Abstimmung.

3 Derzeitiger Kenntnis- und Diskussionsstand

Zur Führungsproblematik des Radverkehrs sind im Laufe der vergangenen Jahre eine Reihe von Untersuchungen erstellt worden. Zahlreiche Unfallanalysen geben Aufschluß über die spezielle Gefährdungssituation des Radverkehrs und über anlagenspezifische Sicherheitsrisiken.

Nachfolgend soll auf der Basis der im Literaturverzeichnis aufgeführten Arbeiten – die von der detaillierten Analyse von Einzelproblemen bis hin zu umfassenden, zusammenstellenden und interpretierenden Arbeiten reichen – ein kurzgefaßter Überblick gegeben werden über den derzeitigen Kenntnis- und Diskussionsstand hinsichtlich der jeweils zweckmäßigen Führung des Radverkehrs auf (Haupt-) Verkehrsstraßen. Ziel ist die Herausarbeitung und Konkretisierung der z. Zt. noch offenen Planungsfragen.

Unfallproblematik auf Hauptverkehrsstraßen

- Gemischt genutzte (Haupt-) Verkehrsstraßen zählen zu den Straßen mit den höchsten Sicherheitsdefiziten und Konfliktpotentialen. Aus den Unfallsteckkarten einer Reihe von Städten sowie einzelnen stadtbezogenen Detailaufschlüsselungen des Unfallgeschehens (z. B. [24]) wird ersichtlich, daß sich auf diesen Straßen in Abhängigkeit von den jeweiligen ortsspezifischen netzstrukturellen und belastungsbezogenen Verhältnissen ca. 60 bis 80 % der polizeilich erfaßten innerörtlichen Radfahrerunfälle ereignen. Ein wesentlicher Teil der registrierten Unfälle endet für die beteiligten Radfahrer – oft mitverursacht durch überhöhte Kfz-Geschwindigkeiten – mit schwerwiegenden Folgen.

— Auf (Haupt-) Verkehrsstraßen ereignen sich im Durchschnitt vieler Straßen 2 bis 3 Radfahrerunfälle pro Kilometer und Jahr. Dies wird besonders deutlich aus zwei Untersuchungen, die sich anhand einer größeren Datenbasis mit dem Radfahrerunfallgeschehen in Städten auseinandersetzen (946 Radfahrerunfälle in einzelnen Stadtteilen der Stadt München [20]; 2800 Radfahrerunfälle in zehn vorwiegend niedersächsischen Städten unterschiedlicher Größenordnung [22]). Einzelne der in diese Untersuchungen einbezogenen Straßen weisen Unfalldichtewerte auf von mehr als 10 Radfahrerunfällen pro Kilometer und Jahr. Mit welchen Straßenmerkmalen und Einflußkonstellationen dieses hohe Unfallaufkommen im einzelnen in Zusammenhang steht, ist aus den Unfallaufschlüsselungen nur teilweise zu entnehmen, da im wesentlichen nur belastungsbezogene Verknüpfungen hergestellt und Straßenbeschreibungen nur in einigen Grobstrukturen vorgenommen werden. So ist auch nicht zu erkennen, zu welchen Teilen in dem untersuchten Straßenkollektiv Straßen mit intensiver und vielfältiger Nutzung – dem Schwerpunkt der hier vorliegenden Untersuchung – enthalten sind.

— Unfälle mit Radfahrerbeteiligung ereignen sich auf (Haupt-) Verkehrsstraßen zu etwa gleichen Teilen im Bereich der Strecke und im Bereich von Knoten. Die für den Bereich der Strecke festgestellten Anteilswerte liegen in den einzelnen Untersuchungen – geprägt vor allem durch die jeweiligen Streckencharakteristiken sowie die jeweils überwiegende Führungsform des Radverkehrs (Fahrbahn/Radweg) – bei 44 % [20], 45 % [22], 48 % (Köln: n = 722 Unfälle; [4]) sowie 52 % (Berlin: n = 3322 Unfälle [18]). In leichtem Maße dürften die ermittelten Anteilswerte auch von der jeweiligen Zuordnungspraxis (Strecke/Knoten) beeinflußt worden sein.

— Die auf (Haupt-) Verkehrsstraßen im Bereich der Strecke zu registrierenden Radfahrerunfälle konzentrieren sich in der Regel auf Abschnitte mit einem hohen Störpotential. Es sind dies vor allem Straßen – wie aus einer Detailaufschlüsselung der Radfahrerunfälle im Rahmen der Untersuchungen zum Radverkehr in Köln [4] ersichtlich wird – mit einer stärkeren Belegung durch den ruhenden Verkehr (Störungen durch Ein- oder Ausparkvorgänge, Öffnen von Fahrzeugtüren usw.) und einem insgesamt höheren Belebtheitsgrad (Geschäftsstraßen).

— Bei der Interpretation und Bewertung von Unfallanalyseergebnissen ist generell zu berücksichtigen, daß ein Teil der aufgetretenen Unfälle nicht gemeldet und dementsprechend polizeilich nicht erfaßt sind. Insbesondere bei Radfahrer- und bei Fußgängerunfällen ergeben sich nach [32] hohe Dunkelziffern, die einer aussagekräftigen Beurteilung der Sicherheitsverhältnisse Grenzen setzen. Für die Unfallanalysen erfordert dies ausreichend lange Betrachtungszeiträume.

Bauliche Radwege

— Straßen mit Radwegen weisen – der vorrangig an den Belastungen des Kfz- und auch des Radverkehrs orientierten Einsatzpraxis entsprechend – durchweg höhere Verkehrsbelastungen auf als Straßen ohne Radweg [2]. Dies führt beim Radverkehr zu deutlich höheren Unfallbelastungen auf Straßen mit Radwegen. Nach [22] ereigneten sich rd. zwei Drittel der untersuchten 2800 Radfahrerunfälle auf Straßen mit ein- oder beidseitigen Radwegen. Aussagekräftige Vergleichswerte zur Beurteilung der Sicherheitsverhältnisse auf Hauptverkehrsstraßen und der Sicherheitswirkungen von Radwegen lassen sich somit erst unter Einbeziehung der Verkehrsbelastungswerte des Kfz- und des Radverkehrs sowie weiterer relativierender Größen (z. B. Belastungen durch den ruhenden Verkehr, Fußgängerfrequentierung) erzielen.

— Mit wachsenden Kfz-Verkehrsbelastungen steigt die Dichte der Radverkehrsunfälle. Auf Straßen mit Radwegen ergibt sich mit zunehmenden Verkehrsbelastungen ein leichtes, auf Straßen ohne Radweg ein stärkeres Ansteigen der Unfalldichtewerte. Ab einer Belastung von etwa 12 000 Kfz/Tag (Streckenkollektiv) und etwa 17 000 Kfz/Tag (Gesamtkollektiv aus Strecken- und Knotenunfällen) liegen bei [22] die Unfalldichtewerte von Straßen ohne Radweg über denen von Straßen mit Radweg. [20] nennt als Ergebnis der Münchener Untersuchungen eine Belastung von 10 000 Pkw-E/Tag, ab der auf Strecken ohne Radwege höhere Unfalldichten gegeben sind als auf Strecken mit Radweg. Eine genauere Betrachtung der dieser Aussage zugrundeliegenden Wertepaare aus Unfalldichte und Verkehrsbelastung macht allerdings deutlich, daß der bei etwa 12 000 Pkw-E/Tag liegende Schnittpunkt der Regressionsgraden von Straßen ohne Radweg und von Straßen mit Radweg vor allem bestimmt wird vom Unfallgeschehen im Bereich sehr hoher Kfz-Verkehrsbelastungen (etwa

30 000 bis 80 000 Pkw-E/Tag). Im Belastungsbereich bis 20 000 Pkw-E/Tag ergeben sich bei der Münchener Untersuchung (bei nur einzelnen vorliegenden Wertepaaren) demgegenüber kaum signifikante Unterschiede im Unfallgeschehen von Straßen mit oder ohne Radweg.

– Unfallraten, die als relativierende Größe die jeweilige Radverkehrsbelastung miteinbeziehen, sind in kaum einer Untersuchung ausgewiesen. [4] ermittelt für 10 Straßen aus dem Kölner Stadtgebiet (mit und ohne Radweg) streckenbezogene Unfallraten in einem Spektrum von 0 bis 10 Radfahrerunfällen pro 10^6 Radfahrkilometer. Unter Einbeziehung der Knotenpunkte ergibt sich für diese Straßen eine mittlere auf den Radverkehr bezogene Unfallrate von rd. 14 Radfahrerunfällen pro 10^6 Radfahrkilometer. Führungsspezifische Abhängigkeiten (mit/ohne Radweg) sind wegen der geringen Zahl der in diese Betrachtung einbezogenen Straßen nicht zu erkennen.

– Ein Vergleich des Radfahrerunfallgeschehens von Straßen mit und von Straßen ohne Radweg auf Basis der entstandenen volkswirtschaftlichen Kosten wird im Rahmen einer neueren Untersuchung (1992) für den Berliner Bezirk Tiergarten durchgeführt (n = 1234 Unfälle; [26]). Hiernach liegen die Unfallkosten von Straßen mit Radweg mit einem durchschnittlichen Betrag von 8800 DM deutlich niedriger als von Straßen ohne Radweg (23 000 DM). Ein hiervon stark abweichendes Ergebnis ergibt sich bei 1172 zugrundegelegten Unfällen für den Stadtteil Berlin-Schöneberg, der in [26] als Vergleichsbezirk herangezogen wird. Hier betrugen die durchschnittlichen Unfallkosten von Straßen mit Radweg 14 200 DM, von Straßen ohne Radweg 15 000 DM. Auf welche Einflußgrößen diese hohe Ergebnisdiskrepanz zwischen den beiden Stadtbezirken im einzelnen zurückzuführen ist, ist nicht nachzuvollziehen.

– Hinsichtlich der Unfallfolgen ergeben sich – was die Schwere der Verletzungen anbelangt – in den vorliegenden Untersuchungen keine einheitlichen Tendenzen. Während [22] für Straßen mit Radweg leichte Sicherheitsvorteile feststellt (Anteil von Unfällen mit schweren oder tödlichen Verletzungen an allen Unfällen mit Personenschaden; Straßen mit Radweg: 29,4 %; Straßen ohne Radweg: 36,1 %), ergeben sich bei [20] keine diesbezüglichen Unterschiede (Gesamtanteilswert: 20 %). Deutlich niedrigere Gesamtanteilswerte (Straßen mit und ohne Radweg) mit Werten von 14,4 % und von rd. 10 % ermitteln [18] und [26] im Rahmen der Berliner Untersuchungen.

– Aus den vorliegenden Aufschlüsselungen des Unfallgeschehens ist nur zum Teil der genaue Ort (Radweg/Fahrbahn/Gehweg) der aufgetretenen Unfälle zu sehen. Einzelne Untersuchungen (z. B. [4] und [20]) machen deutlich, daß Radfahrer, die vorhandene Radwege nicht benutzen und auf der Fahrbahn fahren oder diese zum Straßenseitenwechsel überqueren, in leicht stärkerem Maße (etwa 10–20 %) gefährdet sind als es ihrem Verkehrsanteil entspricht.

– Eine typenspezifische Aufgliederung des Unfallgeschehens – wie sie besonders detailliert in [20] vorgenommen worden ist – zeigt, daß auf Straßen mit Radweg Unfälle der Typen „Abbiegen" und „Einbiegen/Kreuzen" mit einem Anteilswert von 64 % eindeutig überwiegen. Auf Straßen ohne Radweg liegt der entsprechende Anteilswert in dieser Untersuchung bei lediglich 44 %. Auf Straßen ohne Radweg sind demgegenüber Unfälle im Längsverkehr (Anteil: 24 %) und mit dem ruhenden Verkehr (Anteil: 12 %) in einem stärkeren Maße vertreten als auf Straßen mit Radweg (Anteilswerte 11 % und 8 %). Bei jeweils 7 % der Unfälle handelte es sich um Fahrunfälle.

– In einzelnen Untersuchungen – so in [9] – wird darauf hingewiesen, daß sich die Sicherheitsverhältnisse für den Radverkehr nach der Einrichtung von Radwegen verschlechtert haben – dies vor allem wegen gestiegener Unfallbelastungen im Bereich der Knotenpunkte und mit dem Fußgängerverkehr. In welchem Maße es sich bei den untersuchten Radwegen in allen Fällen um anspruchsgerecht eingebundene und ausgestaltete Radverkehrsanlagen handelt, ist nicht ersichtlich. Generell hat sich in Fachkreisen – so die Ergebnisse eines Fachgesprächs zum Radverkehr [28] – die Ansicht durchgesetzt, daß es besser ist, auf Radverkehrsanlagen zu verzichten, statt unzulängliche Radwege zu bauen oder zu belassen. Subjektiv wird die Verkehrssicherheit von Radwegen von den meisten Radfahrern als sehr hoch eingeschätzt (siehe z. B. [25]).

– Im Rahmen von neueren Straßenumgestaltungsmaßnahmen, die das Ziel haben, die städtebauliche Integration der Straße zu verbessern und die Straßennutzungen verträglicher und sicherer zu gestalten, werden vielfach Radwegbreiten realisiert, die weit unter den empfohlenen Regelwerten liegen (siehe z. B. [5] und [30]). Es ist zur Zeit noch unklar, ob es mit Hilfe solcher Kompromißlösungen möglich ist, den Sicherheitsansprüchen und Komfortinteressen der Radfahrer und der übrigen Straßennutzergruppen gerecht zu werden.

Im Gehwegbereich abmarkierte Radwege

Im Rahmen der Bestrebungen, Radfahrern schnell und kostengünstig sichere Wege anbieten zu können, sind in der Bundesrepublik Deutschland im vergangenen Jahrzehnt eine Vielzahl von im Gehwegbereich abmarkierten Radwegen entstanden. Der Erfolg dieser Maßnahmen ist geteilt. Während in einer Reihe von Fällen – das betrifft insbesondere stark und schnell befahrene Straßen mit hohen Lkw-Anteilen – Radfahrern durch Verlagerung in den Gehwegbereich der erforderliche Schutz gegeben werden konnte, haben sich in vielen anderen Fällen die Sicherheits- und Verkehrsverhältnisse für den Radverkehr verschlechtert. Die Anlage von im Gehwegbereich abmarkierten Radwegen ist hierbei nach [7] vor allem mit folgenden Problemen verbunden:

– Abmarkierte Radwege weisen als Folge einer unzureichenden Einbindung und mangelnder Sicherheitsverhältnisse oft Konflikt- und Unfallhäufungen im Bereich der Kreuzungen und Einmündungen auf.

– Eine anspruchsgerechte Befahrbarkeit der markierten Wege ist wegen schlechter Oberflächenbeschaffenheit und mangelnder Knotenübergänge oft nicht gegeben. Zusätzliche Gefährdungen ergeben sich durch die im Radwegbereich teilweise vorhandenen festen Einbauten (z. B. Laternen, Schilder).

– Die Anlage von im Gehwegbereich abmarkierten Radwegen führt oft zu einer deutlichen Einschränkung des Bewegungsraumes für den Fußgängerverkehr. In vielen Fällen werden die hinsichtlich der Fußgängeranlagen gebotenen Mindeststandardwerte unterschritten.

– Die oft flächendeckende Überziehung von ganzen Stadtquartieren mit markierten Wegen erscheint unter stadtgestalterischen Aspekten als bedenklich.

Weiterreichende Untersuchungen zu den im Gehwegbereich abmarkierten Radwegen werden zur Zeit für nicht erforderlich gehalten, da diese Führungsform nur provisorische Bedeutung besitzen sollte und die Prinzipien zur Führung und Ausgestaltung aus dem Feld der baulichen Anlagen abgeleitet werden können.

Radfahrstreifen

Auf der Fahrbahn im Streckenbereich angelegte Radfahrstreifen galten lange Zeit als Provisorien. Positive Erfahrungen haben dazu geführt, daß Radfahrstreifen zunehmend als Dauerlösungen zum Einsatz kommen und in Einzelfällen schon anderen möglichen Führungsvarianten vorgezogen werden.

Ein Forschungsprojekt der Bundesanstalt für Straßenwesen, das sich unter dem Thema „Sichere Gestaltung markierter Wege für Fahrradfahrer" [6] mit der Führungsproblematik von Radfahrstreifen auseinandersetzt, kommt zu folgenden Ergebnissen:

– Das bisherige Einsatzfeld von Radfahrstreifen liegt überwiegend im Bereich der schwach bis mittelstark vom Kfz-Verkehr frequentierten Straßen. Einzelne positive Beispiele aus dem Feld der stärker belasteten Straßen zeigen, daß Radfahrstreifen bei entsprechender Ausgestaltung auch auf diesen Straßen eine brauchbare Alternative zu den bisher herkömmlichen Führungsvarianten sein können.

– Radfahrstreifen werden in hohem Maße von den Radfahrern angenommen. Die entsprechenden Akzeptanzquoten liegen überwiegend zwischen 90 und 95 %. Die Respektierung der markierten Wege durch den fließenden Kfz-Verkehr ist durchweg gut.

– In weit geringerem Maße als erwartet werden Radfahrer auf Radfahrstreifen beeinträchtigt durch die Vorgänge des ruhenden Verkehrs. Zu Problemen kommt es allerdings auf Straßen mit hohem Parkdruck und/oder starkem Lade- und Lieferverkehr.

– Die mit der Anlage von Radfahrstreifen einhergehende Entmischung und „Kanalisierung" der Verkehrsströme führt zu einer leichten Verflüssigung des Kfz-Verkehrs. So liegen die nach der Einrichtung von Radfahrstreifen gemessenen Kfz-Geschwindigkeiten für den Fall der Interaktion mit Radfahrern im Mittel um bis zu 5 km/h über den entsprechenden Vorher-Werten.

– Durch die Anlage von Radfahrstreifen ist es möglich, das sich dem Radverkehr auftuende Konfliktpotential – eine anspruchsgerechte Bemessung und Ausgestaltung der Verkehrsflächen vorausgesetzt – zu senken und so die Bedingungen für eine sichere Abwicklung des Verkehrs zu verbessern. Vor allem im Bereich von Einmündungen ergeben sich für Radfahrstreifen oft erhebliche Sicherheitsvorteile, was auf die guten Sichtbeziehungen zwischen Radfahrern und Kraftfahrern bei dieser Anlagenvariante zurückzuführen ist. Als sehr konfliktträchtig erweisen sich demgegenüber Radfahrstreifen mit unzureichenden Breitengebungen und Abgrenzungen gegenüber dem ruhenden Verkehr. Zu Sicherheitsproblemen führt insbesondere die Aneinanderreihung von Mindestquerschnitten (Kfz-Fahrstreifen / Radfahrstreifen / Parkstreifen).

– Radfahrstreifen sind wegen der besseren Sichtbedingungen und aus Gründen des Fußgängerschutzes in der Regel links von den Parkständen des ruhenden Verkehrs anzulegen. Lediglich in Ausnahmefällen kann es sich als zweckmäßig erweisen, Radfahrstreifen auch rechts von den parkenden Fahrzeugen zu führen. Voraussetzung hierfür sind u. a. anspruchsgerechte Breiten des Radfahrstreifens sowie des angrenzenden Sicherheitsstreifens.

Im Rahmen des BASt-Projektes „Sichere Gestaltung markierter Wege für Fahrradfahrer" wurden konkrete Planungshinweise zur Querschnitteinpassung, Breitengebung und Kenntlichmachung von Radfahrstreifen erarbeitet. Es fehlt derzeit noch die genaue Abgrenzung der Einsatzbedingungen von Radfahrstreifen gegenüber den anderen Führungsvarianten.

Mischverkehr auf der Fahrbahn

Die Separierung des Radverkehrs gilt als der anzustrebende Regelfall auf allen vom Kfz-Verkehr stärker frequentierten Straßen. Der hohe Nutzungsdruck vor allem in den Innenbereichen unserer Städte läßt es auf diesen Straßen vielfach nicht zu, anspruchsgerecht ausgeformte Radwege oder Radfahrstreifen zu realisieren. Verstärkt wird daher im Rahmen von neueren Straßengestaltungsmaßnahmen auch unter der Erkenntnis, daß „ein schlechter Radweg schlechter ist als gar kein Radweg", dazu übergegangen, den Radverkehr im Mischverkehr mit dem Kfz-Verkehr auf der Fahrbahn zu führen.

Es ist zur Zeit noch weitgehend ungeklärt, ob und unter welchen Rahmenbedingungen eine solche Führung auch bei höheren Kfz-Verkehrsbelastungen aus Sicherheitsgründen empfehlenswert sein kann. Vorrangig stellt sich hierbei die Frage nach den jeweils notwendigen Fahrbahnbreitengebungen, nach den zulässigen Geschwindigkeiten sowie den Belastungsobergrenzen des Kfz-Verkehrs.

Über den reinen Mischverkehr zwischen Radfahrern und Kraftfahrzeugen hinaus kommen seit einiger Zeit bei beengten Verhältnissen Lösungen zum Einsatz, bei denen mit Hilfe von Teilseparationen versucht wird, den Radverkehrsablauf sicherer zu gestalten. Zu diesen Lösungen zählt die Anlage von Radfahrspuren im Querschnitt der Fahrbahn.

Radfahrspuren sind eine Form der Teilseparation, bei der dem Radverkehr durch Markierungen oder Einfärbungen sowie durch eine zusätzliche Kenntlichmachung durch Fahrradpiktogramme Bereiche der Fahrbahn zur bevorzugten Nutzung zur Verfügung gestellt werden. Ein Befahren der Radfahrspuren durch den Kfz-Längsverkehr – so insbesondere durch breitere Fahrzeuge (Busse, Lastkraftwagen) oder bei Kfz-Begegnungsfällen – ist zulässig; eine rechtliche Ausweisung als Sonderweg für Radfahrer kann anders als bei den Radfahrstreifen dementsprechend nicht erfolgen. Radfahrspuren gliedern die Fahrbahn hiermit in einen Seitenstreifen, der der Abwicklung des Radverkehrs dient, und in eine mittige Fahrgasse, die vorrangig für den Begegnungsfall im Pkw-Verkehr dimensioniert ist. Damit soll Radfahrern ein Raum verschafft werden, der zumindest frei von regelmäßigem Pkw-Verkehr ist. Über die Wirkungen und die sich hieraus ableitenden Anwendungsfälle solcher Lösungen besteht bisher noch weitgehend Unklarheit.

Zusammenfassung wichtiger Erkenntnisse und Fragen

(Haupt-) Verkehrsstraßen mit hoher Nutzungsvielfalt zählen nach den vorliegenden Untersuchungen zu den Straßen mit den höchsten Sicherheitsdefiziten. Die anspruchsgerechte Einbindung und Sicherung des Radverkehrs bereitet auf den meisten dieser Straßen große Schwierigkeiten. Aufgrund der bei vielen baulichen Radwegen in Teilbereichen festgestellten Sicherheitsprobleme und der vorhandenen Einpassungsschwierigkeiten stellt sich in letzter Zeit in verstärktem Maße die Frage, ob und unter welchen Rahmenbedingungen eine Fahrbahnführung des Radverkehrs zu vertreten ist oder sogar empfehlenswert sein kann. Aus der Sichtung und Wertung der zu diesem Themenkreis durchgeführten Untersuchungen wird zusammenfassend folgendes deutlich:

Die bisher zur Führungsproblematik des Radverkehrs durchgeführten Arbeiten geben Aufschluß über die Sicherheitsmängel und Sicherheitsvorteile der auf (Haupt-) Verkehrsstraßen in Frage kommenden Führungsvarianten. Einer umfassenden Ableitung praxisorientierter Einsatzkriterien sind jedoch enge Grenzen gesetzt, da nur ein kleiner Teil der Arbeiten die zur Interpretation und allgemeingültigen Übertragbarkeit der Ergebnisse benötigten Relativierungs- und Bezugsgrößen (u. a. Verkehrsbelastungen; konkrete bauliche und betriebliche Gegebenheiten) im erforderlichen Detailliertheitsgrad aufweist. Es fehlt für den Planungsprozeß so zur Zeit noch ein fundiertes Abwägungsinstrumentarium, das die situationsgerechte Wahl der auf Hauptverkehrsstraßen jeweils zweckmäßigen Führungsvariante (baulicher Radweg / Radfahrstreifen / Radspur / Mischverkehr auf der Fahrbahn) zuläßt.

Die notwendigen Breitengebungen und Ausgestaltungsformen von baulichen Radwegen sind bekannt und bewährt, die von Radfahrstreifen in einer neueren Arbeit erforscht. Für den Bereich der baulichen Radwege stellt sich die Frage, ob es bei beengten Verhältnissen und hohen Nutzungsdichten auch zu von den Regelwerten abweichenden Breitengebungen kommen kann, ohne die Sicherheits- und Komfortinteressen von Radfahrern und angrenzenden Straßennutzergruppen stärker zu beeinträchtigen.

Das Zusammenwirken von Radfahrern und Kraftfahrzeugen im Mischverkehr auf der Fahrbahn ist in einem bisher noch nicht hinreichenden Maße erforscht. Es fehlen so zur Zeit noch wesentliche Grundlagen zur Beantwortung der Frage, ob und unter welchen Rahmenbedingungen eine Führung des Radverkehrs im Mischverkehr auf der Fahrbahn auch bei höheren Kfz-Verkehrsbelastungen vertreten werden kann. Gänzlich unbekannt sind die Sicherheitswirkungen von im Fahrbahnquerschnitt angelegten Radfahrspuren.

Die vorliegenden Untersuchungen machen deutlich, daß es im Rahmen der durchzuführenden Arbeit vor allem darum gehen muß, die vielschichtigen Wirkungszusammenhänge zwischen dem Sicherheitsgeschehen und den jeweiligen baulichen, verkehrlichen, betrieblichen und umfeldbezogenen Gegebenheiten weiter zu erhellen. Hierzu bedarf es zur Sicherstellung einer aussagekräftigen Interpretationsfähigkeit der erzielten Ergebnisse neben der situationsbezogenen Aufschlüsselung des Radfahrerunfallgeschehens einer detaillierten Beobachtung und Analyse der sich bei den einzelnen einbezogenen Fallbeispielen einstellenden Verkehrs- und Interaktionsvorgänge.

4 Auswahl und Beschreibung der Untersuchungsfallbeispiele

4.1 Methodisches Vorgehen

Die Erarbeitung der Einsatzkriterien und der zweckmäßigen Ausgestaltungsformen für die im Rahmen des Projektes zu behandelnden Führungsvarianten

– baulicher Radweg

– Radfahrstreifen

– Fahrbahnführung des Radverkehrs ohne Führungshilfen

erfolgt auf der Grundlage von Unfallanalysen und von Untersuchungen des Verkehrsablaufs.

Im Rahmen einer Vorauswahl sollen zunächst 50 bis 60 Fallbeispiele zusammengestellt und in ihren baulichen, verkehrlichen, betrieblichen und umfeldbezogenen Merkmalen beschrieben und dokumentiert werden. Rd. 40 dieser Fallbeispiele finden Eingang in die durchzuführenden Unfallanalysen, hiervon werden 15 Fallbeispiele einer vertiefenden Untersuchung mit einer Analyse des Verkehrsablaufs und des Interaktionsgeschehens unterzogen.

Aus der durchgeführten Literaturauswertung wird noch einmal deutlich, daß die umfassende Beschreibung und Typisierung der einzelnen Untersuchungsfallbeispiele und die Ordnung der Merkmale im Rahmen von Kategorienbildungen Grundvoraussetzung ist für die spätere Interpretationsfähigkeit der Ergebnisse. Der vorliegende Abschnitt klärt, welche Merkmalsgrößen in die Typisierungen und Kategorienbildungen einzubeziehen sind. Ein weiterer Bearbeitungspunkt gilt der Erstellung eines Kriterienkataloges zur Vorauswahl der Untersuchungsfallbeispiele.

4.2 Typisierung und Kategorisierung der Verkehrsanlagen

Eine dem vorgesehenen Anwendungszweck gerecht werdende Beschreibung und Typisierung der Verkehrsanlagen hat folgende Merkmalsgruppen zu umfassen:

– straßennutzungsbezogene Merkmale

– bauliche und betriebliche Merkmale

– umfeldbezogene Merkmale

Innerhalb der einzelnen Gruppen sind es folgende Merkmalsgrößen, die zu einer radverkehrsbezogenen Beschreibung der Verkehrsanlagen heranzuziehen sind:

straßennutzungsbezogene Merkmale

- Netzfunktion der Straße mit der jeweiligen Verbindungs-/Erschließungsbedeutung
- Verkehrsbelastungen des motorisierten und des nicht-motorisierten fließenden Verkehrs
- Art und Häufigkeit der Vorgänge des ruhenden Verkehrs
- geschwindigkeitsspezifische Aspekte
- teilnehmerstrukturelle Aspekte beim Radverkehr

bauliche und betriebliche Merkmale

- Breite des Straßenraumes
- Gesamtbreite und nutzbare Breite der Fahrbahn; Anzahl der Fahrstreifen
- Breite der Gehwege, Parkstreifen und Trennstreifen
- Art der Radverkehrsführung
- Breite und Abgrenzung der Radverkehrsanlagen
- Einbindung der Radverkehrsanlagen im Bereich der Grundstückszufahrten und Einmündungen
- Markierungen; betriebliche Regelungen; Richtungsführungen
- Streckenverlauf der Radverkehrsanlagen
- Befahrbarkeit; baulicher Zustand
- Aspekte der Erkennbarkeit; Sichtverhältnisse
- knotenspezifische Merkmale in ihren Grobstrukturen

umfeldbezogene Merkmale

- Gebietstyp
- Art und Intensität der Umfeldnutzungen
- Art der Bebauung
- Verkehrswirksamkeit der anliegenden Nutzungen; Dichte der Grundstückszufahrten

Eine Kennzeichnung der Verkehrsanlagen in ihren Grobstrukturen, die gleichzeitig Grundlage ist für die zu treffenden Kategorienbildungen, umfaßt für das zu behandelnde Untersuchungsfeld zweckmäßigerweise die folgenden Merkmalsgrößen:

- Art der Radverkehrsführung
- Verkehrsbelastungen des Kfz-Verkehrs
- Verkehrsbelastungen des Radverkehrs
- Nutzung des Straßenumfeldes

Eine auf Basis dieser Größen vorgenommene Kategorienbildung führt zu folgenden Einteilungen:

Art der Radverkehrsführung

Rw — Radweg (in baulicher Ausführung)

Rf — Radfahrstreifen

F — Fahrbahnführung ohne Führungshilfen (Mischverkehr)

Verkehrsbelastungen des Kfz-Verkehrs

I — vom Kfz-Verkehr hochbelastete Hauptverkehrsstraßen mit hoher Verbindungsbedeutung (Kfz-Verkehrsbelastungen > 20 000 Kfz / Tag)

II — Hauptverkehrsstraßen mit mittelstarker Frequentierung (Kfz-Verkehrsbelastungen zwischen 10 000 und 20 000 Kfz / Tag)

III — Verkehrsstraßen (Kfz-Verkehrsbelastungen < 10 000 Kfz / Tag)

Verkehrsbelastungen des Radverkehrs

1 — vom Radverkehr stark frequentierte Straßen (Radverkehrsbelastungen > 2000 R / Tag)

2 — vom Radverkehr mittelstark frequentierte Straßen (Radverkehrsbelastungen zwischen 1000 und 2000 R / Tag)

3 — vom Radverkehr schwächer frequentierte Straßen (Radverkehrsbelastungen < 1 000 R / Tag)

Nutzung des Straßenumfeldes

A — Straßen mit einer hohen Nutzungsdichte und -vielfalt; Geschäftsstraßen (in der Regel Wohnnutzung in den oberen Geschossen) mit einem hohen Belebtheitsgrad und einer hohen Verkehrswirksamkeit (Erschließungswirkung) der angrenzenden Nutzungen; Straßen mit einem in der Regel hohen Störpotential für den Radverkehr

B — Straßen mit einer mittleren Nutzungsdichte und -vielfalt; Straßen mit Wohn- und Geschäftsnutzung; Straßen mit einem in der Regel mittleren Störpotential für den Radverkehr

C – Straßen mit einer geringeren Nutzungsdichte und -vielfalt; Straßen mit Wohnnutzung und einzelnen Geschäften; Straßen mit einem in der Regel geringen Störpotential für den Radverkehr

4.3 Kriterien zur Auswahl der Untersuchungsfallbeispiele

In die durchzuführenden Unfallanalysen und Verkehrsverhaltensuntersuchungen sollen Fallbeispiele einbezogen werden, auf deren Basis übertragbare Erkenntnisse hinsichtlich

- der jeweils zweckmäßigen Führungsvariante des Radverkehrs auf (Haupt-) Verkehrsstraßen sowie
- der sicherheitswirksamen Ausgestaltung der jeweiligen Anlagetypen

gewonnen werden können.

Der Auswahl der Fallbeispiele werden im wesentlichen folgende Auswahlkriterien zugrundegelegt:

Nutzungsdichte und -vielfalt

Angestrebt wird die Einbeziehung von Straßen mit einer möglichst hohen Nutzungsdichte und -vielfalt. Straßen dieser Art weisen in der Regel ein hohes Störpotential für den Radverkehr auf mit entsprechend hohen Interaktionsdichten. Vorrangig sollen Straßen einbezogen werden, bei denen Abwägungs- und Entscheidungsschwierigkeiten hinsichtlich der Wahl der jeweils zweckmäßigen Führungsvariante bestehen.

Verkehrsbelastungen des Kfz-Verkehrs

Das sich dem Radverkehr auftuende Konfliktpotential wird in wichtigem Maße bestimmt von den Belastungsverhältnissen des Kfz-Verkehrs. Im Rahmen des Projektes sollen vorrangig vom Kfz-Verkehr stärker frequentierte Straßen behandelt werden. Es sind dies vor allem Straßen, die von den Verkehrsbelastungsverhältnissen und von der Netzfunktion her als Hauptverkehrsstraßen einzustufen sind. Eine Verkehrsbelastung von 8000 Kfz / Tag soll in der Regel nicht unterschritten werden. Vor allem für den Fall der Fahrbahnführung des Radverkehrs werden Straßen mit höheren Kfz-Verkehrsbelastungen gesucht.

Verkehrsbelastung des Radverkehrs

Die jeweilige Stärke des Radverkehrs ist von nur geringer Bedeutung für die Auswahl der Untersuchungsfallbeispiele, sofern nicht gewisse Mindestbelastungswerte unterschritten werden. Es ist bekannt, daß einzeln fahrende Radfahrer oft gefährdeter sind als sich besser schützende Radfahrergruppen. Es wird so für erforderlich gehalten, auch die Gefährdungssituation von Straßen mit geringeren Radverkehrsbelastungen zu durchleuchten. Für den Fall der Radwegführung des Radverkehrs sollen jedoch überwiegend Straßen mit höheren Radverkehrsstärken herangezogen werden, um auf dieser Basis Aussagen zum jeweiligen Fassungsvermögen und zum Platzbedarf der Radverkehrsanlagen treffen zu können.

Fußgängerverkehr

Zur aussagekräftigen Analyse der Interaktionen zwischen Radfahrern und Fußgängern sollte zumindest ein Teil der zu untersuchenden Straßen in stärkerem Maße vom Fußgängerverkehr frequentiert werden. Erwünscht sind vor allem stärkere Querverflechtungen zwischen den beiden Straßenseiten.

Park-, Lade- und Lieferverkehr

Radfahrer sind auf vielen Straßen durch die Vorgänge des Park-, Lade- und Lieferverkehrs beeinträchtigt und gefährdet. Zur Durchleuchtung dieser Interaktionsproblematik sollten die heranzuziehenden Straßen in möglichst hohem Maße von Verkehren dieser Art belegt sein.

Geschwindigkeitsspezifische Aspekte

Zur Verdeutlichung der Auswirkungen unterschiedlicher Geschwindigkeitsniveaus wird bei der Auswahl der Fallbeispiele ein möglichst breites Spektrum von Kfz-Geschwindigkeiten angestrebt, in dem sowohl langsamer als auch schneller vom Kfz-Verkehr befahrene Straßen Berücksichtigung finden.

Teilnehmerstrukturelle Aspekte

Teilnehmerstrukturelle Aspekte beim Radverkehr sind bei der Vorauswahl der Fallbeispiele von nur untergeordneter Bedeutung. Dadurch, daß vorrangig die Einbeziehung von Straßen mit einer hohen Nutzungsvielfalt angestrebt wird, ergibt sich in der Regel eine Mischung der Fahrtzwecke mit Belegung der Straßen durch den Einkaufs-, Berufspendler- und Schülerverkehr.

Breite des Straßenraumes

Einpassungsprobleme für den Radverkehr ergeben sich vor allem auf Straßen mit geringen Straßenraumbreiten bei gleichzeitig intensiver Nutzung. Zur

Durchleuchtung der Problematik soll ein Teil der heranzuziehenden Fallbeispiele aus dem Feld dieser durch hohe Nutzungskonkurrenzen gekennzeichneten Straßen stammen.

Breite der Fahrbahn

Der Schwerpunkt der Betrachtungen liegt auf Straßen mit zweistreifiger Verkehrsführung (jeweils ein Fahrstreifen in jeder Richtung). Es wird die Einbeziehung eines möglichst breiten Spektrums unterschiedlicher Fahrbahn- / Fahrstreifenbreiten angestrebt.

Breite der Radwege und der angrenzenden Elemente

Für Bemessungsfragen besonders wichtig ist die Kenntnis der Auswirkungen unterschiedlicher Radwegbreiten auf den Verkehrsablauf und das Interaktionsgeschehen. Die Breiten der Radwege und der angrenzenden Elemente (z. B. Trennstreifen) sollen im Rahmen der Vorauswahl der Fallbeispiele entsprechend variiert werden.

Ausbaustandard der Radverkehrsanlagen

Radwege mit Mängeln in der Verkehrsführung und in der baulichen Ausgestaltung sind den Vorgaben entsprechend nicht in die Untersuchungen einzubeziehen, da ihre sicherheitsmindernden Wirkungen hinlänglich bekannt sind. Es sind nur Straßen mit beidseitigen Radwegen zu berücksichtigen.

Streckencharakteristik

Die im Rahmen der Vorauswahl der Fallbeispiele zu berücksichtigenden Fallbeispiele sollen zur besseren Bestimmbarkeit der einzelnen Wirkungsgrößen eine möglichst einheitliche Streckencharakteristik aufweisen. Die Länge der einzubeziehenden Streckenzüge soll für die durchzuführenden Unfallanalysen mindestens 500 Meter betragen. Da der Betrachtungsschwerpunkt den streckenspezifischen Aspekten der Radverkehrsführung gilt, sollen größere Knotenpunkte in den auszuwählenden Streckenzügen nicht enthalten sein, um so die von den Knoten in die Streckenbereiche hineinstrahlenden Einflüsse möglichst gering zu halten.

4.4 Zusammenstellung und Beschreibung der Untersuchungsfallbeispiele

Im Zuge der Projektbearbeitung galt es zunächst, rd. 60 dem entwickelten Kriterienkatalog entsprechende Fallbeispiele auszuwählen und zu dokumentieren. Es wurden hierzu Städtebereisungen durchgeführt, wobei ein erster Anhalt hinsichtlich geeigneter Fallbeispiele aufgrund der Nennungen von Stadtverwaltungen, persönlicher Ortskenntnis oder der aus Stadtplänen ablesbaren Lage einzelner Straßen im (Netz-) Gefüge der Städte gegeben war. Als vorläufig geeignet befundene Fallbeispiele wurden in ihren baulichen, betrieblichen und umfeldbezogenen Merkmalen beschrieben und dokumentiert. Eine Vervollständigung der Beschreibungsgrößen erfolgte durch die Angabe der Verkehrsbelastungswerte von seiten der Stadtverwaltungen.

Die Zusammenstellung der potentiellen Untersuchungsstrecken gestaltete sich hierbei schwieriger als zunächst erwartet. So bereitete es vor allem für den Fall der Fahrbahnführung des Radverkehrs erhebliche Schwierigkeiten, eine hinreichende Zahl geeigneter Fallbeispiele aus dem Bereich der stärker vom Kfz-Verkehr frequentierten Straßen zu finden und den Kriterienkatalog entsprechend zusammenzustellen. Als noch problematischer erwies sich die Suche nach dem Untersuchungszweck gerecht werdenden Radfahrstreifen.

Um eine hinreichend ausgewogene Besetzung des Untersuchungskollektivs sicherzustellen, erwies es sich so als erforderlich, über den vorgesehenen Umfang an Untersuchungsstädten (BONN; BREMEN; HANNOVER; KÖLN; MÜNSTER) hinaus weitere Städte (DUISBURG; EUSKIRCHEN; HENNEF; KREFELD; LEVERKUSEN; MÖNCHENGLADBACH; SINDELFINGEN) in die Vorauswahl der Fallbeispiele einzubeziehen.

Die Zusammenstellung der potentiellen Untersuchungsfallbeispiele erfolgte für einen Teil der Städte in enger Abstimmung und Zusammenarbeit mit den Auftragnehmern des BASt-Projektes 8925 „Sicherung von Radfahrern an städtischen Knotenpunkten". Angestrebt wurde in Teilbereichen die gemeinsame Belegung von Straßen mit Fallbeispielen, um auf dieser Basis die sofortige Einbeziehbarkeit der Erkenntnisse aus dem jeweiligen Untersuchungsfeld (Strecke / Knoten) zu ermöglichen.

Von den rd. 60 zusammengestellten und in einer kurzgefaßten Dokumentation beschriebenen potentiellen Untersuchungsfallbeispielen wurden rd. 40 Fallbeispiele für die durchzuführenden Unfallanalysen und Verkehrsverhaltensbeobachtungen ausgewählt. Berücksichtigung fanden hierbei vorrangig Fallbeispiele aus dem Bereich der besonders intensiv und vielfältig genutzten Straßen. Durch die vereinzelte Einbeziehung von Fallbeispielen, die aufgrund ihres Umbauzeitpunktes in jüngerer Zeit nur einen verkürzten Erhebungszeitraum für die Unfallanalysen erlauben, wurde auch hier versucht, das Untersuchungskollektiv ausgewogener zu gestalten.

Bei der Zusammenstellung der Untersuchungsstrecken zeigte sich, daß die für die Auswertungen dringend benötigten Belastungszahlen des Radverkehrs nur bei einem Teil der ausgewählten Fallbeispiele vorhanden waren. Zur Vervollständigung der Daten erwies es sich so bei rd. einem Drittel der ausgewählten Beispiele als erforderlich, Ergänzungszählungen durchzuführen. Im Rahmen dieser Ergänzungszählungen, die jeweils zwischen 07.00 und 10.00 Uhr sowie zwischen 16.00 und 19.00 Uhr durchgeführt wurden, wurde neben den Belastungszahlen des Radverkehrs auch die Zahl der Fußgängerquerungsvorgänge sowie die Zahl der Halte-, Lade- und Parkvorgänge erfaßt.

Nachfolgend sollen die in die Unfallauswertungen und Verkehrsverhaltensbeobachtungen einbezogenen Fallbeispiele in zusammengefaßter Form beschrieben und vergleichend gegenübergestellt werden.

Übersichtsplan

Der vergleichenden Beschreibung und Gegenüberstellung der Fallbeispiele auf aggregierter Basis soll zunächst ein Übersichtsplan über die einzelnen Untersuchungsfälle mit Auflistung der wesentlichen Beschreibungsmerkmale vorangestellt werden. In diesem Übersichtsplan sind die folgenden Angaben enthalten:

– untersuchte Straße / Stadt

– Typ der Straße

– Breite des Straßenraumes

– Zufahrtendichte

– Verkehrsbelastungen des Kfz-Verkehrs (DTV)

– Verkehrsbelastungen des Radverkehrs (DTV)

Den getroffenen Kategorienbildungen entsprechend wird der Typ der Straße über folgende Merkmalsgrößen beschrieben:

– Verkehrsbelastungen des Kfz-Verkehrs (Klassen I/II/III)

– Verkehrsbelastungen des Radverkehrs (Klassen 1 / 2 / 3)

– Nutzung des Straßenumfeldes (Klassen A / B / C)

– Art der Radverkehrsführung (Radweg; Rw / Radfahrstreifen; Rf / Fahrbahnführung im Mischverkehr; F)

In den beiden sich dem Übersichtsplan anschließenden Spalten sind die Längen der in die Unfallanalysen einbezogenen Streckenabschnitte sowie die Breiten der Streckenräume ausgewiesen. Die Breite des (öffentlichen) Straßenraumes entspricht bei den hier untersuchten Fallbeispielen in der Regel dem Abstand zwischen der Randbebauung.

Eine weitere Beschreibungsgröße, die zur Kennzeichnung der Streckencharakteristik und zur Verdeutlichung der Knoteneinflüsse herangezogen werden soll, ist die Zufahrtendichte. Bezogen auf einen 1000-Meter-Abschnitt, weist die Zufahrtendichte die Zahl der in die jeweilige Untersuchungsstrecke einmündenden (Seiten-) Straßen aus.

Zur Wertung und Relativierung der erzielten Ergebnisse besonders wichtig sind die Verkehrsbelastungen des Kfz- und des Radverkehrs. Im Übersichtsplan (Tabelle 1) sind diese Belastungen ausgewiesen als 24-Stunden-Werte des werktäglichen Verkehrs. Die erforderlichen Hochrechnungen wurden mit Hilfe der im Rahmen des Projektes „Untersuchung über Maß und Zahl des Radverkehrs" (Fe-Vorhaben 77202/87) [13] ermittelten Faktoren unter Miteinbeziehung der teilweise vorliegenden ortsspezifischen Berechnungswerte vorgenommen. Da die Belastungen insbesondere des Radverkehrs stärkeren Schwankungen unterworfen sind, können diese auf der Basis von Stichprobenerhebungen ermittelten DTV-Werte nur einen ungefähren Anhalt geben über die jeweils vorliegenden Verkehrsbelastungsverhältnisse.

Straße	Typ	Länge	Raumbreite	Zufahrtendichte	DTV Kfz	DTV Rad
Vahrenwalder Str. (H)	I 1A Rw	1 360	40	14,7	40 000	2 800
Hildesheimer Str. (H)	I 1A Rw	1 210	30	14,0	26 000	3 000
Düsseldorfer Str. (DU)	I 1A Rw	810	36	7,4	30 000	3 000
Waller Heerstr. (HB)	I 2A Rw	880	22/26	13,6	36 000	1 850
Podbielskistr. (H)	I 3B F	2 030	27	13,3	21 000*	800
Fliethstr. (MG)	I 2C Rf	540	21	5,6	25 000	1 000
Hammer Str. (MS)	II 1A Rw	1 130	25	14,2	18 000	10 000
Wolbecker Str. (MS)	II 1A Rw	550	17	12,7	17 000	6 000
Uerdinger Str. (UR)	II 1A Rw	400	23	7,5	16 000	2 400
Venloer Str. (K)	II 1A Rw	930	20	18,3	10 500	2 500
Warendorfer Str. (MS)	II 1B Rw	1 150	24	10,4	15 000*	7 000
Am Dobben (HB)	II 1B Rw	550	16	10,9	17 000	2 400
F.-Wallbrecht-Str. (H)	II 2B Rw	800	32	13,8	18 500	1 900
Bödekerstr. (H)	II 2B Rw	800	22	15,0	19 500	2 000
Kornstr. (HB)	II 2B Rw	1 370	17	27,7	11 000	1 600
Humboldtstr. (HB)	II 1C Rw	850	17	15,3	10 500	3 250
Geiststr. (MS)	II 2C Rw	860	18/22	14,0	12 000	1 600
Gladbacher Str. (KR)	II 2C Rw	1 170	29	8,5	16 000	1 300
Rheinstr. (KR)	II 1A F	400	17	10,0	12 000	2 400
Kalker Hauptstr. (K)	II 2A F	460	26	10,9	13 500	1 700
Frankfurter Str. (HEN)	II 2A F	–	20	–	14 000	1 000
Langemarkstr. (HB)	II 2B F	400	24	5,0	14 000	1 550
Bonner Talweg (BN)	II 2B F	500	17	14,0	12 000	1 000
Erzberger Str. (MG)	II 3B F	830	18	4,8	15 000	900
Roonstr. (K)	II 2C F	590	21	10,2	20 000	1 000
Römerstr. (BN)	II 2C F	500	14	16,0	20 000	1 800
Sternenburgstr. (BN)	II 2C F	540	12	13,0	10 500	1 600
Kommener Str. (EUS)	II 3C F	–	21	–	13 500	500
B.-Allee/Wittelsb'ring (BN)	II 2C Rf	500	18	6,0	20 000	1 800
Leonberger Str. (SIN)	II 2C Rf	330	15	9,1	12 000	1 800
Hausdorffstr. (BN)	II 3C Rf	790	16/19	7,6	13 000	900
Konstantinstr. (BN)	II 3C Rf	1 180	14/16	5,1	14 000	300
Am Hulsb./Schw. Meer (HB)	III 2B Rw	1 040	20/2	12,5	9 000	1 450
Zülpicher Str. (K)	III 1A F	1 140	18	14,0	9 000	2 400
Marktstr. (KR)	III 2A F	630	15	15,9	9 000	1 400
Dellbrücker Hauptstr. (K)	III 2A F	520	12	13,5	8 000	1 100
Küppersteger Str. (LEV)	III 2A F	400	18	5,0	7 000	1 000
Kölner Str. (LEV)	III 3A F	480	17	10,4	9 000	900
Admiralstr. (HB)	III 2B F	320	22	9,4	9 500	1 800
Hemmstr. (HB)	III 2B F	350	22	17,1	9 500	1 850
Endenicher Allee (BN)	III 1C Rf	370	20	13,5	9 000	4 200

* in einem Teilabschnitt deutlich höhere Verkehrsbelastungen

Tab. 1: Übersicht über die Untersuchungsfallbeispiele

Anzahl der Untersuchungsfallbeispiele

Der in Tabelle 1 wiedergegebene Übersichtsplan enthält insgesamt 41 Fallbeispiele. Es sind hierunter zwei Fallbeispiele enthalten, bei denen aufgrund der Fertigstellung des Straßenumbaus erst in jüngerer Zeit oder einer zu geringen Streckenlänge eine Analyse des Radfahrerunfallgeschehens nicht möglich bzw. nicht zweckmäig war (HENNEF – Frankfurter Straße; EUSKIRCHEN – Kommener Straße). Beide Fallbeispiele finden so nur im Rahmen der Verkehrsverhaltensbeobachtungen Berücksichtigung.

Auf die Einbeziehung eines zunächst dokumentierten und in die Verkehrsverhaltensbeobachtungen einbezogenen Fallbeispiels aus dem Bereich der Fahrbahnführung des Radverkehrs mit leichten Führungshilfen (Radspuren) wurde verzichtet, da diese Führungsvariante zur Sicherstellung aussagekräftiger Ergebnisse mit einer größeren Fallanzahl im Rahmen weiterführender Forschungen untersucht werden soll.

Bezogen auf die untersuchten Führungsvarianten des Radverkehrs ergibt sich bei einer Gesamtzahl von 41 Fallbeispielen die folgende Aufteilung:

- Radweg: 17 Fallbeispiele
- Fahrbahn: 18 Fallbeispiele
- Radfahrstreifen: 6 Fallbeispiele

Der Schwerpunkt der Untersuchungen liegt somit gleichermaßen bei der Radwegführung und bei der Fahrbahnführung des Radverkehrs (ohne Führungshilfen). Die Untersuchungen zu Radfahrstreifenproblematik besitzen demgegenüber – wie schon an der Anzahl der Fallbeispiele deutlich wird – nur ergänzenden Charakter, da diese Thematik bereits eingehend im Rahmen des BASt-Projektes „Sichere Gestaltung markierter Wege für Fahrradfahrer" untersucht worden ist. Wie aus den nachfolgenden Aufschlüsselungen ersichtlich wird, ist es für den Untersuchungsbereich der Radfahrstreifen allerdings trotz der Einbeziehung weiterer Untersuchungsstädte nicht gelungen, eine hinreichend ausgewogene und für Vergleichszwecke geeignete Belegung des Untersuchungskollektivs mit Fallbeispielen zu erreichen.

Typenspezifische Aufgliederung der Untersuchungsfallbeispiele

Wie aus den im Bild 1 vorgenommenen Aufschlüsselungen deutlich wird, stammt der größere Teil der ausgewählten Fallbeispiele – der Aufgabenstellung entsprechend – aus dem Feld der durch eine höhere Nutzungsdichte und -vielfalt gekennzeichneten Straßen (Geschäftsstraßen oder Straßen mit kombinierter Wohn- und Geschäftsnutzung; Nutzungsklassen A und B). Beide Nutzungsklassen sind zu gleichen Teilen mit Fallbeispielen aus dem Bereich der Fahrbahnführung und der Radwegführung des Radverkehrs besetzt. Ein Teil der ausgewählten Fallbeispiele stammt jedoch auch aus dem Bereich der Straßen mit einer geringeren Nutzungsvielfalt (Straßen mit überwiegender Wohnnutzung; Nutzungsklasse C).

Es sind dies Straßen, deren Einbeziehung sich vor allem als notwendig erwies, um die Wirkungen unterschiedlicher Breitengebungen von Fahrbahn oder Radweg besser herauszukristallisieren sowie Aussagen zur Sicherheitsproblematik von Radfahrstreifen treffen zu können.

Der überwiegende Teil der ausgewählten Straßen weist werktägliche Kfz-Verkehrsbelastungen auf zwischen 10 000 und 20 000 Kraftfahrzeugen pro Tag (Belastungsklasse II). Die Radwegführung und die Fahrbahnführung des Radverkehrs sind in dieser Fallgruppe in nahezu gleichem Maße vertreten. Bei den Fallbeispielen mit höheren Kfz-Verkehrsbelastungen (6 Fallbeispiele mit Verkehrsbelastungen zwischen 20 000 und 40 000 Kraftfahrzeugen pro Tag; Belastungsklasse I) überwiegt – wie dies zu erwarten war – die Radwegführung, bei den Fallbeispielen mit niedrigen Kfz-Verkehrsbelastungen (9 Fallbeispiele mit Verkehrsbelastungen größtenteils im Bereich von 9000 Kraftfahrzeugen pro Tag; Belastungsklasse III) die Fahrbahnführung des Radverkehrs.

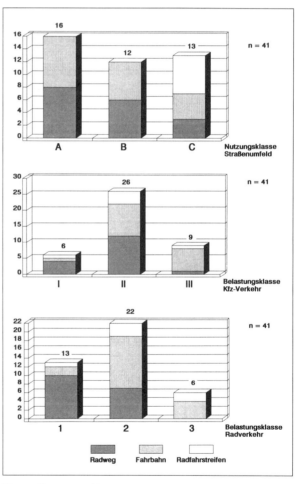

Bild 1: Typenspezifische Aufgliederung der Untersuchungsfallbeispiele

Die beim Radverkehr ermittelten Verkehrsbelastungen liegen in einem sehr breiten Spektrum, das von 300 Radfahrern (BONN – Konstantinstraße) bis hin zu 10 000 Radfahrern (MÜNSTER – Hammer Straße) pro Tag reicht. 13 der 41 ausgewählten Fallbeispiele weisen querschnittsbezogene Belastungen von mehr als 2000 Radfahrern auf (Belastungsklasse 1); größtenteils sind auf diesen Straßen Radwege angelegt. Die Mehrzahl der einbezogenen Straßen (22 Fallbeispiele) sind mit 1000 bis 2000 Radfahrern pro Tag belastet (Belastungsklasse 2). Es überwiegt bei diesen Fallbeispielen die Fahrbahnführung des Radverkehrs. Nur ein kleiner Teil der ausgewählten Straßen (6 Fallbeispiele mit Fahrbahnführung oder Radfahrstreifen) wird täglich von weniger als 1000 Radfahrern frequentiert.

Merkmalsverknüpfungen

Eine Verknüpfung der Merkmalsgrößen unter Einbeziehung der Belastungsklassen des Kfz-Verkehrs (I, II, III) und der Nutzungsklassen des Straßenumfeldes (A, B, C) zeigt, daß die angestrebte ausgewogene Besetzung des Untersuchungskollektivs mit der Möglichkeit zu umfassenden Quervergleichen zwischen der Radwegführung und der Fahrbahnführung des Radverkehrs im wesentlichen nur bei der Verkehrsbelastungsklasse II gegeben ist (siehe Bild 2).

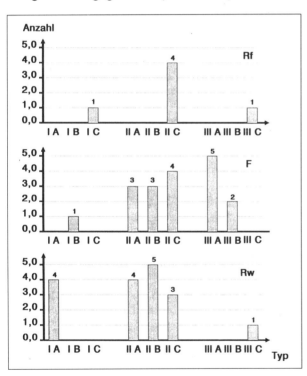

Bild 2: Merkmalsverknüpfungen bei den Untersuchungsfallbeispielen

Es sind hierbei in nahezu gleichem Maße die Konstellationen IIA, IIB und IIC vertreten. Im Bereich der Verkehrsbelastungsklasse I überwiegt in der Konstellation IA die Radwegführung, im Bereich der Verkehrsbelastungsklasse III in den Konstellationen IIIA und IIIB die Fahrbahnführung des Radverkehrs. Bei den ausgewählten Fallbeispielen zur Führung des Radverkehrs auf Radfahrstreifen überwiegt die Merkmalskonstellation IIC.

Straßenraumbreiten

Mit der Straßenraumbreite wurde eine Größe herangezogen, die in Verbindung mit den vorliegenden Verkehrsbelastungsverhältnissen u. a. dazu geeignet ist, den planerischen Handlungsspielraum hinsichtlich der Einpassung des Radverkehrs zu verdeutlichen.

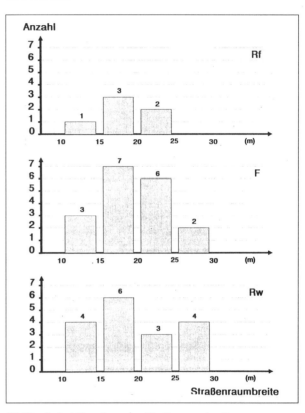

Bild 3: Aufschlüsselung der Straßenraumbreiten

Aus der Aufschlüsselung in Bild 3 wird ersichtlich, daß die festgestellten Straßenraumbreiten bei den Führungsvarianten „Fahrbahn" und „Radfahrstreifen" in den Klassenbereichen zwischen 10 und 30 m liegen.

Den Auswahlkriterien entsprechend sind hierunter eine Reihe von Fallbeispielen mit einem hohen Nutzungsdruck (u. a. durch den ruhenden Verkehr) bei gleichzeitig sehr schmalen Straßenräumen enthalten. Die minimale Straßenraumbreite beträgt bei der Fallkategorie „Fahrbahn" 12 m, die maximale Breite 27 m. Bei der Fallkategorie „Radweg" liegt das Spektrum der vorgefundenen Straßenraumbreiten zwischen 16 m und 40 m.

Zufahrtendichte

Als Kenngröße zur Beschreibung der Streckencharakteristik und der in die zu untersuchenden Streckenbereiche hineinwirkenden Knoteneinflüsse soll die so definierte „Zufahrtendichte" herangezogen werden. Unter der Zufahrtendichte wird hierbei die Zahl der in die jeweilige Untersuchungsstrecke einmündenden Knotenäste (Zufahrten) pro 1000 m verstanden.

Ein Vergleich der Zufahrtendichtewerte zeigt, daß zwischen den beiden schwerpunktmäßig untersuchten Führungsvarianten keine wesentlichen Unterschiede bestehen. So ergibt sich bei der Radwegführung eine mittlere Zufahrtendichte von 13,6 Einmündungen pro 1000 m (Streuung s = 4,7), bei der Fahrbahnführung ein leicht niedrigerer Wert von durchschnittlich 11,9 Einmündungen (s = 3,9). Läßt man den stark von den anderen Werten abweichenden Zufahrtendichtewert der Kornstraße in Bremen (ZD = 27,7 E./1 000 m) einmal außer acht, so ergibt sich für die Radwegführung des Radverkehrs ein Durchschnittswert von 12,7 Einmündungen (s = 3,0) und hiermit eine noch geringere Differenz zwischen den beiden Mittelwerten. Deutlich niedriger mit einem Wert von 7,8 (s = 3,1) liegt der für die wenigen Fallbeispiele aus dem Bereich der Radfahrstreifenführung ermittelte Durchschnittswert.

Länge der Untersuchungsstrecken

In der Aufgabenstellung wird für die durchzuführenden Unfallanalysen eine Mindeststreckenlänge von 500 m in Ansatz gebracht. Die Aufschlüsselungen in Tabelle 1 zeigen, daß dieser Mindestwert bei einem Großteil der ausgewählten Fallbeispiele eingehalten und z. T. sogar deutlich überschritten wird. Es wurden jedoch auch einige Fallbeispiele mit geringeren – im Bereich zwischen 300 und 500 m liegenden – Streckenlängen einbezogen. Es sind dies vor allem Straßen, bei denen die Einpassung des Radverkehrs aufgrund eines hohen Nutzungsdruckes in Verbindung mit sehr geringen Straßenraumbreiten besonders große Schwierigkeiten bereitet (vorherrschen-

Straße	Typ	Breite Radweg	Breite Trennstreifen	Ruhender Verkehr
Vahrenwalder Str. (H)	I 1A Rw	1,0	1,0/(1,6)	Fahrbahnparken
Hildesheimer Str. (H)	I 1A Rw	1,0/1,6	var. / überw. 1,0	Längs-/Schrägparken in Parkbuchten
Düsseldorfer Str. (DU)	I 1A Rw	1,6	–	teilweise Längsparkstreifen
Waller Heerstr. (HB)	I 2A Rw	1,0	0,5 bis zu 2,0	kleine Abschnitte mit Längsparkbuchten
Hammer Str. (HB)	II 1A Rw	1,1 1,4	0,4 –	durchgängiges Parken auf Längsstreifen
Wolbecker Str. (MS)	II 1A Rw	0,9/1,1 (1,5/1,8)	0,8 (1,0/1,5)	Fahrbahnparken
Uerdinger Str. (KR)	II 1A Rw	1,4 1,4	– 0,7	Fahrbahnparken Schrägparkbuchten
Venloer Str. (KR)	II 1A Rw	1,0	überw. 0,4	durchgängiges Parken in Längsparkbuchten
Warendorfer Str. (MS)	II 1B Rw	1,5	var. / zw. 0,9 und 1,2	Fahrbahnparken Längsparkbuchten
Am Dobben (HB)	II 1B Rw	0,9 1,5	1,0 –	Fahrbahnparken kein Parken
F.-Wallbrecht-Str. (H)	II 2B Rw	1,6/(1,0)	überw. 0,4	überw. Parken in Schrägparkbuchten
Bödekerstr. (H)	II 2B Rw	1,0	var. / überw. 1,0/1,7	durchgängiges Parken in Längsparkbuchten
Kornstr. (HB)	II 2B Rw	1,5/1,8	–	Fahrbahnparken/Längsparkstreifen
Humboldtstr. (HB)	II 1C Rw	1,6	–	durchgängiges Parken in Längsparkbuchten
Geiststr. (MS)	II 2C Rw	1,0	überw. 0,6	durchgängiges Parken in Längsparkbuchten
Gladbacher Str. (KR)	II 2C Rw	1,6	–	Längsparkstreifen
Am Hulsberg/ Schw. Meer (HB)	III 2B Rw	1,0/1,3/1,6	var. / überw. 0,6	Fahrbahnparken

Tab. 2: Zusammenstellung wesentlicher Beschreibungsmerkmale – Radwegführung

der Typ: II/III A F) und ein dementsprechend hoher Abklärungsbedarf besteht, bei denen aber gleichzeitig die für die Untersuchungen erforderliche Querschnitts- und Nutzungskontinuität nur über geringere Streckenlängen gegeben ist.

In der Gesamtheit der betrachteten Fälle ergeben sich für die untersuchten Führungsvarianten die folgenden durchschnittlichen Streckenlängen:

Radweg: $\bar{x}$ = 933 m (s = 279 m)
Fahrbahn (Mischverkehr): $\bar{x}$ = 631 m (s = 424 m)
Radfahrstreifen: $\bar{x}$ = 618 m (s = 319 m)

Breitengebungen der untersuchten Fallbeispiele

In einem der Kernpunkte des Projektes sind die Wirkungen unterschiedlicher Breitengebungen von Radweg und Fahrbahn auf den Verkehrsablauf und das Sicherheitsgeschehen herauszukristallisieren. In den Tabellen 2, 3 und 4 sind die diesbezüglichen Untersuchungsmerkmale zusammengestellt.

Tabelle 2 macht deutlich, daß die in die Untersuchungen einbezogenen Radwege als Folge der vielfältigen Nutzungsansprüche bei den zu behandelnden Straßentypen durchweg Breiten aufwei-

Straße	Typ	Anzahl Fahrstreifen	Breite Fahrstreifen	Bemerkungen
Podbielskistr. (H)	I 3B F	4	3,25	tw. Fahrbahnparken; Stadtbahn in Mittellage
Rheinstr. (KR)	II 1A F	2	4,00	Längsparkstreifen; Straßenbahn
Kalker Hauptstr. (K)	II 2A F	2	3,25	Lade-/Parkstreifen breite Mittelmarkierung
Frankfurter Str. (HEN)	II 2A F	2	3,50	Radfahren im Gehwegbereich zulässig; breiter Mittelstreifen
Langemarkstr. (HB)	II 2B F	4	3,00	Parken in den Seitenräumen; Straßenbahn
Bonner Talweg (BN)	II 2B F	2/(3)	3,25/(5,25)	Parken auf Parkstreifen; tw. Fahrbahnparken; Straßenbahn
Erzberger Str. (MG)	II 3B F	2	3,65	Längsparkstreifen
Roonstr. (K)	II 2C F	4	3,00	Längsparkstreifen
Römerstr. (BN)	II 2C F	3	4,0/3,0/2,6	kein Parken auf der 8,2/10,0 m breiten Fahrbahn
Sternenburgstr. (BN)	II 2C F	2	3,50	abschnittsweise Längsparkbuchten
Kommener Str. (EUS)	II 3C F	2	3,75	Längsparkstreifen
Zülpicher Str. (K)	III 1A F	2	4,00	durchgängiges Fahrbahnparken; Straßenbahn
Marktstr. (KR)	III 2A F	2	3,50	beidseitig einhüftiges Parken auf 9,0 m breiter Fahrbahn
Dellbrücker Hauptstr. (K)	III 2A F	2	3,5/(2,5)	tw. durchgängig einseitiges Parken auf 7,0 m breiter Fahrbahn
Küppersteger Str. (LEV)	III 2A F	2	3,00	eins. einhüftiges Parken auf 7,0 m breiter Fahrbahn; gegenüber Schrägparken
Kölner Str. (LEV)	III 3A F	2	3,00	Längsparkbuchten
Admiralstr. (HB)	III 2B F	2	3,75	Längsparkstreifen
Hemmstr. (HB)	III 2B F	2	4,50	Längsparkstreifen/Schrägparken

Tab. 3: Zusammenstellung wesentlicher Beschreibungsmerkmale – Fahrbahnführung

sen, die eher im unteren Bereich der als Regelwerte deklarierten Breiten liegen. Zu etwa gleichen Teilen sind in dem ausgewählten Untersuchungskollektiv hierbei Radwegbreiten von rd. 1,0 und von rd. 1,6 m vertreten. In einzelnen Fällen kommt es zu hiervon abweichenden Breitengebungen mit Werten von 1,3 m, 1,4 m und 1,8 m. Bei rd. einem Drittel der ausgewählten Fallbeispiele kommen pro Untersuchungsstrecke gleich mehrere Radwegbreiten zum Einsatz. Die Breiten der angrenzenden Trennstreifen differieren pro Fallbeispiel und in der Gesamtheit der betrachteten Untersuchungsfälle in erheblichem Maße mit der örtlichen Situation jeweils angepaßten Breitengebungen.

Der Schwerpunkt der Untersuchungen zur Fahrbahnführung des Radverkehrs (siehe Tabelle 3) liegt im Rahmen des Projektes bei Fahrbahnen mit insgesamt zwei Fahrstreifen. Nur in einzelnen Fällen kommen Fahrbahnen mit drei oder vier Fahrstreifen im Gesamtquerschnitt zur Betrachtung. Die nutzbaren Fahrstreifenbreiten der untersuchten Fallbeispiele – das sind die nach Abzug der durchgängig vom ruhenden Verkehr belegten Flächen verbleibenden Breitenwerte – liegen hierbei größtenteils zwischen 3,0 und 4,0 m, wobei bei der Auswahl der Fallbeispiele auf eine möglichst ausgewogene Besetzung des Untersuchungskollektivs mit unterschiedlichen Fahrstreifenbreiten Wert gelegt wurde.

Ergänzt wird die Untersuchung durch einige Fallbeispiele aus dem Bereich der Radfahrstreifenführung des Radverkehrs. Tabelle 4 enthält die entsprechenden beschreibenden Angaben zur Gesamtheit der Fahrbahn (inkl. Radfahrstreifen), zur Netto-Breite und zur Abgrenzung der Radfahrstreifen.

4.5 Zusammenfassung

Kapitel 4 enthält zur Sicherstellung einer hinreichenden Interpretationsfähigkeit und Vergleichbarkeit der im weiteren Verlauf der Arbeit erzielten Ergebnisse in ausführlicher Form eine Zusammenstellung und Beschreibung der in die Untersuchungen einbezogenen Fallbeispiele. Die herangezogenen Fallbeispiele sind hierbei wie folgt gekennzeichnet:

– Für die durchzuführenden Unfallanalysen und Verkehrsverhaltensbeobachtungen wurden insgesamt 41 Fallbeispiele aus 12 bundesdeutschen Städten ausgewählt. 17 Fallbeispiele stammen aus dem Bereich der Radwegführung, 18 Fallbeispiele aus dem Bereich der Fahrbahnführung des Radverkehrs. Mit insgesamt 6 Fallbeispielen besitzen die Untersuchungen zur Radfahrstreifenproblematik ergänzenden Charakter.

– Der überwiegende Teil der ausgewählten Fallbeispiele stammt aus dem Feld der durch eine höhere Nutzungsdichte und -vielfalt gekennzeichneten Straßen (Geschäftsstraßen oder Straßen mit kombinierter Wohn- und Geschäftsnutzung). Einzelne Fallbeispiele aus dem Bereich der Straßen mit einer geringeren Nutzungsvielfalt ergänzen dieses Untersuchungskollektiv, um so die Wirkungen unterschiedlicher Breitengebungen von Fahrbahn oder Radweg besser herauskristallisieren sowie Aussagen zur Sicherheitswir-

Straße	Typ	Breite Fahrbahn	Breite Radfahrstreifen	Abgrenzung Radfahrstreifen
Fliethstr. (MG)	I 2C Rf	14,0 (4-str.)	0,90	durchgängiger 12-cm-Schmalstrich; direkt angr. Parken
B.-Allee/Wittelsb'ring (BN)	II 2C Rf	5,2 8,5	1,20 1,00	unterbr. 12-cm-Schmalstrich; unterbr. beidseitiger 12-cm-Schmalstrich
Leonberger Str. (SIN)	II 2C Rf	9,0	0,87	durchgängiger 12-cm-Schmalstrich
Hausdorffstr. (BN)	II 3C Rf	10,0	1,05	unterbr. beidseitiger 12-cm-Schmalstreifen
Konstantinstr. (BN)	II 3C Rf	8,5 10,0	1,00	eins./zweiseitiger Rf; unterbroch. 12-cm-Schmalstreifen
Endenicher Allee (BN)	III 1C Rf	10,0	1,00	unterbr. beidseitiger 12-cm-Schmalstreifen

Tab. 4: Zusammenstellung wesentlicher Beschreibungsmerkmale – Radfahrstreifenführung

kung von Radfahrstreifen treffen zu können. Besonderer Wert wurde auf die Einbeziehung von Straßen gelegt, die in stärkerem Maße von den Vorgängen des Park-, Lade- und Lieferverkehrs belastet sind.

– Das Belastungsspektrum des fließenden Kfz-Verkehrs reicht bei den einbezogenen Straßen von 8000 Kfz bis hin zu 40 000 Kfz pro Tag. Der größte Teil der ausgewählten Straßen weist Belastungen auf, die im Bereich zwischen 10 000 und 20 000 Kraftfahrzeugen liegen. Nur für diesen Belastungsbereich konnte die angestrebte ausgewogene Besetzung des Untersuchungskollektivs mit Fallbeispielen aus dem Feld der Radwegführung und der Fahrbahnführung des Radverkehrs sichergestellt werden. Im Bereich der stärker als 20 000 Kfz pro Tag belasteten Straßen überwiegt die Radwegführung, im Bereich der geringer als 10 000 Kfz pro Tag frequentierten Straßen die Fahrbahnführung des Radverkehrs.

– Die beim Radverkehr ermittelten Verkehrsbelastungen liegen in einem sehr breiten Spektrum, das von 300 Radfahrern bis hin zu 10 000 Radfahrern pro Tag reicht. Der überwiegende Teil der ausgewählten Fallbeispiele weist querschnittsbezogene 24-Stunden-Belastungen zwischen 1000 und 2000 Radfahrern auf.

– Deutliche Unterschiede zwischen den beiden schwerpunktmäßig untersuchten Führungsvarianten des Radverkehrs ergeben sich hinsichtlich der straßenräumlichen Verhältnisse und der hiermit einhergehenden Raumwirkungen – gekennzeichnet durch die jeweiligen Breitenwerte der Straßenräume. Während bei der Radwegführung die Straßenraumbreiten zwischen 16 und 40 m liegen, sind bei der Fahrbahnführung – oft in Verbindung mit geringeren zu übernehmenden Verkehrsbelastungen – Breitenwerte von lediglich 12 bis 27 m festzustellen. Nur geringfügige Unterschiede zwischen den beiden Führungsvarianten ergeben sich demgegenüber hinsichtlich der Dichte der in die jeweiligen Untersuchungsstrecken einmündenden Seitenstraßen.

– Die in der Aufgabenstellung für die durchzuführenden Unfallanalysen geforderte Mindestlänge der Untersuchungsstrecken von 500 m wird bei einem Großteil der ausgewählten Fallbeispiele eingehalten und z. T. sogar deutlich überschritten. Bei einigen für die Untersuchung sonst besonders geeigneten Straßen wurden jedoch auch geringere Streckenlängen in Kauf genommen. Es sind dies vor allem Straßen, bei denen die Einpassung des Radverkehrs aufgrund hoher Nutzungskonkurrenzen in Verbindung mit geringen Straßenraumbreiten besonders große Schwierigkeiten bereitet und ein dementsprechend hoher Abklärungsbedarf hinsichtlich der jeweils zweckmäßigen Radverkehrsführung besteht.

– Die Breiten der in die Untersuchungen einbezogenen Radwege liegen mit Werten von größtenteils 1,0 und 1,6 m als Folge der vielfältigen Nutzungsansprüche bei den zu behandelnden Straßentypen eher im unteren Bereich der als Regelwerte empfohlenen Breitengebungen. Die Breiten der an die Radwege angrenzenden Elemente differieren – oft schon bei einem einzigen Fallbeispiel – in erheblichem Maße.

– Der Schwerpunkt der Untersuchungen zur Fahrbahnführung des Radverkehrs liegt bei Fahrbahnen mit insgesamt zweistreifiger Verkehrsführung. Die nutzbaren Fahrstreifenbreiten der untersuchten Fallbeispiele liegen hierbei größtenteils im Bereich zwischen 3,0 und 4,0 m (in 0,25-m-Schritten).

5 Ergebnisse der Unfallanalysen

5.1 Methodisches Vorgehen

Mit den durchzuführenden Unfallanalysen wird das Ziel verfolgt, auf der Basis festgestellter Sicherheitsrisiken erweiterte Erkenntnisse zu gewinnen hinsichtlich

– der jeweils zweckmäßigen Führungsvariante des Radverkehrs (Radweg / Fahrbahn im Mischverkehr / Radfahrstreifen) auf (Haupt-) Verkehrsstraßen sowie

– der hiermit verbundenen sicherheitsbezogenen Ausgestaltungsnotwendigkeiten.

Um Erkenntnisse dieser Art gewinnen zu können, ist eine Aufschlüsselung des Radfahrerunfallgeschehens in möglichst disaggregierter Form erforderlich. Grundlage hierfür bieten die Verkehrsunfallanzeigen der Polizei.

Im Rahmen der durchzuführenden Unfallanalysen konnte in allen Fällen auf die benötigten (anonymisierten) Verkehrsunfallanzeigen bzw. Unfallmitteilungen zurückgegriffen werden – beschafft im Rahmen eigener Erhebungen bei den Polizeidienststellen oder in Einzelfällen von der Polizei selbst zusammengestellt.

Eingang in die Erhebungen und Analysen fanden in der Regel sämtliche im Bereich der Strecken und Knoten registrierten Unfälle mit Radfahrerbeteiligung des Drei-Jahre-Zeitraumes der Jahre 1987, 1988 und 1989. Bei einigen das Untersuchungskollektiv zweckmäßig ergänzenden Fallbeispielen wurden aufgrund des Umbauzeitpunktes in jüngerer Zeit auch verkürzte Betrachtungszeiten für die Unfallanalysen in Kauf genommen. Bei einem weiteren – dementsprechend nur im Rahmen der Verkehrsverhaltensbeobachtungen berücksichtigten – Fallbeispiel (HENNEF – Frankfurter Straße) mußte wegen der erst Ende des Jahres 1990 erfolgten Fertigstellung auf eine Einbeziehung der Unfalldaten gänzlich verzichtet werden.

Die Analyse des Unfallgeschehens erfolgte bei allen Unfällen unter Einbeziehung der folgenden Kriterien:

– Unfallbeteiligung (Verkehrsmittel; Alter und Geschlecht der Beteiligten)

– Unfallfolgen / Verletzungsschwere

– Hergang des Unfalls

– Unfallort (Lage im Straßenquerschnitt sowie Verlauf der Untersuchungsstrecke)

– Zeitpunkt des Unfalls (Jahr; Monat; Uhrzeit)

– Typ des Unfalls nach dem Unfalltypen-Katalog

– Ursache(n) des Unfalls

– situative Rahmenverhältnisse

Zur besseren Kennzeichnung der aufgetretenen Unfallkonstellationen mitsamt der unfallauslösenden Faktoren wurde in Anlehnung an den bekannten „Erweiterten Unfalltypen-Katalog mit 3stelligen Schlüsselnummern" ein speziell auf die Belange des Radverkehrs und das zu behandelnde Untersuchungsfeld zugeschnittenes ebenfalls 3stelliges Typenverzeichnis entwickelt, dem im Rahmen der weiteren Auswertungen die einzelnen Unfälle zur Herausarbeitung von Abhängigkeiten und von verkehrsanlagebezogenen Unterschieden zugeordnet wurden. In den Hauptgruppen ist dieses radverkehrsbezogene Typenverzeichnis in weitgehender – jedoch nicht in völliger – Übereinstimmung mit dem gebräuchlichen Typenkatalog der Polizei wie folgt aufgegliedert:

100 Allein-Unfälle
200 Abbiege-Unfälle
300 Einbiegen- / Kreuzen-Unfälle
400 Unfälle mit querenden Fußgängern
500 Unfälle mit dem ruhenden Verkehr
600 Unfälle im Längsverkehr
700 Sonstige Unfälle

In den Untergruppen enthält das im Anlagenteil wiedergegebene Typenverzeichnis eine Aufschlüsselung und Auflistung aller wesentlichen radverkehrsbezogenen Konfliktkonstellationen.

Der Aufgabenstellung und Zielsetzung des Projektes entsprechend liegt der Schwerpunkt der Betrachtungen bei den im Streckenbereich aufgetretenen Unfällen. Unfälle im Bereich der Knotenpunkte werden insoweit in die Analysen einbezogen, als daß von ihnen abzuleitende Erkenntnisse hinsichtlich der im Streckenverlauf jeweils zweckmäßigen Führungsvariante (Radweg / Radfahrstreifen / Fahrbahn im Mischverkehr) zu erwarten sind. Mit Detailfragen zur sicherheitswirksamen Führung des Radverkehrs in Knotenpunkten setzt sich das zeitgleich zu dieser Arbeit erstellte BASt-Projekt „Sicherung von Radfahrern an städtischen Knotenpunkten" auseinander.

Wegen der in Teilbereichen differierenden baulichen und verkehrlichen Rahmenverhältnisse und der hieraus resultierenden nur eingeschränkten Vergleichbarkeit der erzielten Ergebnisse erfolgt zur Vermeidung von Fehlinterpretationen zunächst eine getrennte Behandlung der in die Untersuchungen einbezogenen Führungsvarianten. Hierauf aufbauend wird im Rahmen einer Gesamtinterpretation versucht, anlagespezifische Sicherheitsunterschiede in ihrem Abhängigkeitsgefüge herauszuarbeiten.

5.2 Anzahl der analysierten Unfälle

Tabelle 5 macht deutlich, daß insgesamt 655 Unfälle mit Radfahrerbeteiligung in die Unfallanalysen einbezogen werden konnten. Mit insgesamt 468 Unfällen stammt der Großteil dieser Unfälle aus dem Bereich der Radwegführung des Radverkehrs. Für den Bereich der Fahrbahnführung ergibt sich eine einzubeziehende Zahl von 162 Radfahrerunfällen. Lediglich 25 Unfälle entfallen auf die Radfahrstreifenführung des Radverkehrs.

Rad-verkehrs-führung	Anzahl Fall-beispiele	Strecken-länge [m]	Anzahl der Unfälle		
			Strecke	Knoten	Σ
Radweg	17	15 860	245	223	468
Fahrbahn	16	10 090	111	51	162
Radfahr-streifen	6	3 710	15	10	25
Gesamt	39	29 660	371	284	655

Tab. 5: Anzahl der einbezogenen Unfälle

In dem zustandegekommenen Untersuchungskollektiv überwiegt mit einem Anteilswert von 57 % die Zahl der Streckenunfälle. Dieser von den sonstigen Unfallanalyseergebnissen – bei denen der Schwerpunkt des Unfallgeschehens mehr im Bereich der Knotenunfälle liegt – abweichende Anteilswert ist allein auf das den Untersuchungen zugrundegelegte Auswahlverfahren zurückzuführen, das größere und hiermit besonders konfliktträchtige Knotenpunkte unberücksichtigt läßt.

Die Gesamtstreckenlänge der einbezogenen Untersuchungsfallbeispiele beträgt – wie Tabelle 5 zeigt – knapp 30 Kilometer. Mit einer Streckenlänge von rd. 16 Kilometern entfällt hiervon der überwiegende Teil auf die Radwegführung des Radverkehrs.

5.3 Radwegführung

Der Analyse des Radfahrerunfallgeschehens soll zunächst eine fallbeispielbezogene Aufschlüsselung sämtlicher in Zusammenhang mit der Radwegführung aufgetretenen Unfälle vorangestellt werden. Hinsichtlich der in Tabelle 6 ausgewiesenen Unfallfolgen werden hierbei folgende Unterscheidungen getroffen:

OV – Unfälle ohne Verletzte / Unfälle mit Sachschaden
LV – Unfälle mit Leichtverletzten
SV – Unfälle mit Schwerverletzten

Maßgebend für die Einordnung in die Klassen OV, LV und SV ist die jeweils schwerwiegendste Unfallfolge. Unfälle mit tödlichem Ausgang waren nicht zu verzeichnen.

Tabelle 6 macht deutlich, daß die bei den einzelnen Fallbeispielen registrierten Unfallzahlen in einem sehr breiten Spektrum differieren. Straßen mit hohen Unfallbelastungen stehen Straßen mit einigen wenigen Unfällen gegenüber. Besonders hohe Unfallbelastungen mit insgesamt 81 Unfällen weist die vom Radverkehr überaus stark frequentierte Hammer Straße in Münster auf. Bei insgesamt 468 im Bereich der Radwegführung festgestellten Unfällen entfallen hiermit 17 % aller einbezogenen Unfälle auf diese Straße. Bei der Aggregation der Unfallwerte war demzufolge im jeweiligen Einzelfall zu überprüfen, ob es durch die zahlenmäßige Dominanz dieses einen Untersuchungsbeispieles zu Ergebnisverfälschungen kommen kann. Ohne die Einbeziehung relativierender Größen haben die in Tabelle 6 aufgeführten Unfallzahlen eine nur geringe Aussagekraft.

Straße	Typ	Anzahl der Unfälle								ΣΣ
		Strecke				Knoten				
		OV	LV	SV	Σ	OV	LV	SV	Σ	
Vahrenwalder Str. (H)	I 1A	5	11	3	19	6	13	6	25	44
Hildesheimer Str. (H)	I 1A	5	10	1	16	14	15	5	34	50
Düsseldorfer Str. (DU)	I 1A	0	11	0	11	0	3	1	4	15
Waller Heerstr. (HB)	I 2A	2	9	1	12	3	4	0	7	19
Hammer Str. (MS)	II 1A	12	38	6	56	7	16	2	25	81
Wolbecker Str. (MS)	II 1A	4	9	1	14	1	8	2	11	25
Uerdinger Str. (KR)	II 1A	1	4	1	6	1	1	2	4	10
Venloer Str. (K)*	II 1A	3	17	2	22	11	7	2	20	42
Warendorfer Str. (MS)	II 1B	4	9	4	17	8	5	3	16	33
Am Dobben (HB)	II 1B	0	2	0	2	2	1	0	3	5
F.-Wallbrecht-Str. (H)	II 2B	1	8	2	11	3	12	0	15	26
Bödekerstr. (H)	II 2B	3	7	3	13	6	10	2	18	31
Kornstr. (HB)	II 2B	2	9	0	11	2	7	2	11	22
Humboldtstr. (HB)	II 1C	1	7	4	12	3	7	1	11	23
Geiststr. (MS)	II 2C	1	4	2	7	0	1	0	1	8
Gladbacher Str. (KR)	II 2C	4	4	2	10	4	4	4	12	22
Am Hulsb./Schw. Meer (HB)	III 2B	1	4	1	6	1	5	0	6	12
Gesamt	RW	49	163	33	245	72	119	32	223	468

* verkürzter Betrachtungszeitraum (2 Jahre)

Tab. 6: Fallbeispielbezogene Aufschlüsselung der Unfälle mit Radfahrerbeteiligung – Radwegführung

Unfallfolgen

In einer Zusammenfassung von Tabelle 6 enthält Bild 4 eine strecken- und knotenspezifische Aufgliederung der jeweils bei Radfahrerunfällen aufgetretenen schwerwiegendsten Unfallfolgen. In nahezu allen Fällen sind hiervon mit Ausnahme eines Teils der Fußgänger-/Radfahrer-Unfälle die an den Unfällen beteiligten Radfahrer betroffen.

Bild 4 macht deutlich, daß die Anteilswerte der bei Radfahrerunfällen im Bereich der Strecke und im Bereich der Knoten schwerverletzten Verkehrsteilnehmer mit Werten von jeweils rd. 14 % auf nahezu gleicher Höhe liegen. Unterschiede ergeben sich demgegenüber hinsichtlich der Anteilswerte von Unfällen mit leichtverletzten Verkehrsteilnehmern. So ereigneten sich im Bereich der Strecke mit einem Anteilswert von 66 % deutlich mehr Unfälle mit Leichtverletzten als im Bereich der Knoten (53 %). Aufschluß über diese Abweichung wird aus der typenspezifischen Aufgliederung des Radfahrerunfallgeschehens erwartet.

Eine Aufschlüsselung der Unfallfolgen unter alleiniger Einbeziehung der bei Radfahrerunfällen verunglückten Radfahrer – hierbei jedoch unter Berücksichtigung sämtlicher verunglückten Radfahrer – ergibt nahezu die gleichen Zahlenwerte wie in Tabelle 6 ausgewiesen. So waren bei insgesamt 245 im Streckenbereich registrierten Radfahrerunfällen insgesamt 31 schwerverletzte und 164 leichtverletzte Radfahrer zu verzeichnen, im Bereich der Knoten waren es bei insgesamt 223 Unfällen 28 schwerverletzte und 118 leichtverletzte Radfahrer.

Unfallgegner

Haupt-Unfallgegner der Radfahrer sind sowohl im Bereich der Strecke als auch im Bereich der Knotenpunkte die Pkw-Fahrer (siehe Bild 5).

Ohne Einbeziehung der Hammer Straße in Münster – bei der Unfälle zwischen Radfahrern überwiegen – ergibt sich in dieser Konfliktkonstellation bei den Streckenunfällen ein Anteilswert von 56,4 % (mit Hammer Straße: 48,1 %). Bei den Knotenpunkten ergibt sich ein Anteilswert von sogar 82,7 % (mit Hammer Straße: 83,6 %). Im Vergleich zu anderen Untersuchungen sind bei den Streckenunfällen die Anteilswerte von Radfahrer-/Radfahrer-Unfällen (Anteil: 13,9 %) sowie von Radfahrer-/Fußgänger-Unfällen (Anteil: 24,9 %) sehr hoch, was u.a. auf den meist hohen Belebtheitsgrad der ausgewählten Straßen durch Verkehre dieser Art zurückzuführen ist. Bild 5 zeigt gleichzeitig die Tendenzen in den sich einstellenden Unfallfolgen auf.

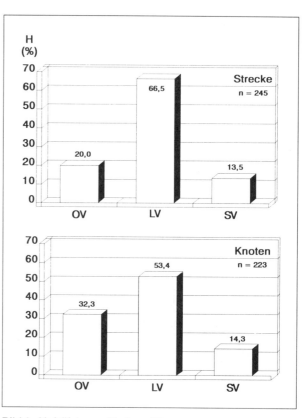

Bild 4: Unfallfolgen – Radwegführung

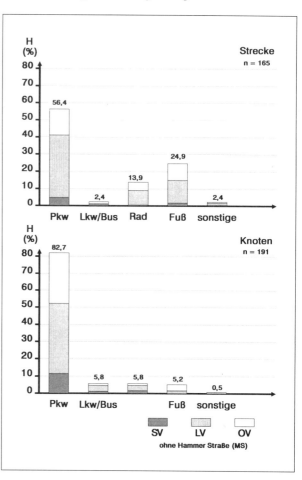

Bild 5: Unfallgegner der verunglückten Radfahrer – Radwegführung

Unfallverursacher

Bild 6 macht deutlich, daß der überwiegende Teil der in die Betrachtungen einbezogenen Radfahrerunfälle von den Unfallgegnern verursacht wurde. Im Bereich der Strecke sind es 55,6 %, in den Knoten sogar 69,2 % der polizeilich registrierten Unfälle. Bei einem beträchtlichen Teil der vom Unfallgegner verursachten Unfälle liegt allerdings ein Mitverschulden der beteiligten Radfahrer vor. In der Regel sind dies Radfahrer, die Radwege in falscher Richtung benutzen. Vergleichsweise gering sind demgegenüber die von den Unfallgegnern mitverschuldeten Radfahrerunfälle.

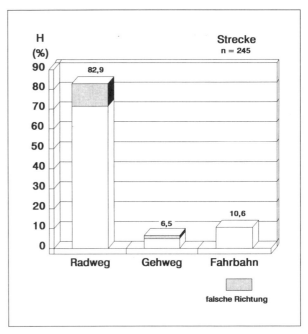

Bild 7: Ort der Radfahrerunfälle – Radwegführung

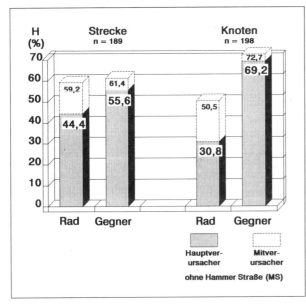

Bild 6: Haupt- und Mitverursacher der Radfahrerunfälle – Radwegführung

Ort der Radfahrerunfälle

Mit einem Anteilswert von 82,9 % ereignete sich der weitaus größte Teil der im Rahmen der Radwegführung registrierten Unfälle auf den Radwegen selbst. 14 % der hier verunglückten Radfahrer fuhren in falscher Richtung.

Recht gering sind dementsprechend die Anteilswerte der auf der Fahrbahn oder im Bereich der Gehwege verunglückten Radfahrer. So liegt der Anteil der auf der Fahrbahn verunglückten Radfahrer – wie Bild 7 verdeutlicht – bei 10,6 %, der entsprechende für den Gehwegbereich ermittelte Wert bei 6,5 %. Rd. 60 % der im Fahrbahnbereich registrierten Radfahrerunfälle ereigneten sich bei Querungsvorgängen oder bei einem (plötzlichen) Ausscheren der Radfahrer auf die Fahrbahn, der Rest im Längsverkehr. Zu Unfällen im Gehwegbereich kam es vor allem durch Radfahrer, die im Rahmen von Ausweich-/Überholvorgängen oder bei blockierten Radwegen (Einzelfälle) den Radweg verließen und dann mit Fußgängern kollidierten.

Unfalldichten

Ohne die Einbeziehung relativierender Größen besitzen die zusammengestellten Unfalldaten eine nur eingeschränkte Aussagekraft. Erste Relativierungen können mit Hilfe der Unfalldichte vorgenommen werden, die die Anzahl der pro Kilometer und Jahr in einem Untersuchungsabschnitt registrierten Unfälle kennzeichnet. Es wird hierbei unterschieden zwischen:

UD^{ST} : Dichte [U / km * a] der im Bereich der Strecke registrierten Unfälle (sämtliche Streckenunfälle)

UD^{K} : Dichte [U / km * a] der in den Knotenpunkten registrierten Unfälle (sämtliche Knotenunfälle) bezogen auf die Abschnittslänge von 1 Kilometer

$UD_V^{ST,K}$: Dichte [U / km * a] der Unfälle mit leicht- und schwerverletzten Verkehrsteilnehmern

UD : Dichte [U / km * a] sämtlicher registrierten Unfälle

Die Knotendichte UD^K wird hierbei, da es sich um Anschlußknoten handelt, aus Vergleichbarkeitsgründen auf die gesamte Streckenlänge der jeweils untersuchten Straße bezogen.

Als weitere Größe zur Kennzeichnung des in den Knotenpunkten registrierten Unfallgeschehens wird die auf Basis der Zufahrtendichte ermittelte durchschnittliche Anzahl der Unfälle pro Knotenzufahrt herangezogen (siehe Tabelle 7).

Straße	Typ	UD_V^{ST}	UD_V^K	UD^{ST}	UD^K	UD	Unfälle/Knoten
Vahrenwalder Str. (H)	I 1A	3,4	4,7	4,6	6,2	10,8	0,57
Hildesheimer Str. (H)	I 1A	3,0	5,5	4,4	9,4	13,8	0,81
Düsseldorfer Str. (DU)	I 1A	4,5	1,7	4,5	1,7	6,2	0,18
Waller Heerstr. (HB)	I 2A	3,8	1,5	4,6	2,6	7,2	0,17
Hammer Str. (MS)	II 1A	13,0	5,3	16,5	7,4	23,9	0,59
Wolbecker Str. (MS)	II 1A	6,1	6,1	8,5	6,7	15,2	0,29
Uerdinger Str. (KR)	II 1A	4,2	2,5	5,0	3,3	8,3	0,18
Venloer Str. (K)	II 1A	10,2	4,8	11,8	10,8	22,6	0,55
Warendorfer Str. (MS)	II 1B	3,8	2,3	4,9	4,6	9,5	0,51
Am Dobben (HB)	II 1B	1,2	0,6	1,2	1,8	3,0	0,09
F.-Wallbrecht-Str. (H)	II 2B	4,2	5,0	4,6	6,2	10,8	0,36
Bödekerstr. (H)	II 2B	4,2	5,0	5,4	7,5	12,9	0,49
Kornstr. (HB)	II 2B	2,2	2,2	2,7	2,7	5,4	0,13
Humboldtstr. (HB)	II 1C	4,3	3,1	4,7	4,3	9,0	0,24
Geiststr. (MS)	II 2C	2,3	0,4	2,7	0,4	3,1	0,02
Gladbacher Str. (KR)	II 2C	1,7	2,2	2,8	3,4	6,2	0,47
Am Hulsb./Schw. Meer (HB)	III 2B	1,6	1,6	1,9	1,9	3,8	0,16

Tab. 7: Unfalldichtewerte der einzelnen Fallbeispiele – Radwegführung

Tabelle 7 macht deutlich, daß auch die Unfalldichtewerte (noch) in einem erheblichen Maße differieren. Auf einigen Straßen werden extrem hohe Werte erreicht. Es sind dies zum einen die Straßen mit sehr hohen Radverkehrsbelastungen (MÜNSTER – Hammer Straße, Wolbecker Straße, Warendorfer Straße), aber auch Straßen, die mit Verkehrsbelastungen von knapp 2000 bis hin zu 3000 Radfahrern pro Tag nur mittelstark vom Radverkehr frequentiert sind. Auffälligerweise befinden sich hierunter einige Straßen, die erst in den letzten Jahren umgestaltet worden sind (HANNOVER – Hildesheimer Straße, Bödekerstraße; KÖLN – Venloer Straße).

Bei der Mehrzahl der in die Unfallanalysen einbezogenen Fallbeispiele verteilen sich die registrierten Unfälle in etwa gleichem Maße auf die Knotenpunkte und die dazwischenliegenden Streckenbereiche. In Einzelfällen – so auf der Hammer Straße – überwiegen die im Streckenbereich aufgetretenen Unfälle, in weiteren Fällen die Knotenunfälle. Im letzteren Fall sind dies vor allem Straßen, die durch eine fahrbahnferne und durch den ruhenden Verkehr abgeschirmte Führung des Radverkehrs gekennzeichnet sind.

In der Gesamtheit der betrachteten Fallbeispiele (ohne Hammer Straße – MÜNSTER) ergeben sich die folgenden Unfalldichten:

UD^{ST} = 4,36 U / km * a (5,24 U / km * a)
UD^K = 4,57 U / km * a (4,78 U / km * a)
UD^{GES} = 8,93 U / km * a (10,03 U / km * a)
(Klammerwerte: mit Hammer Straße)

Mit einer durchschnittlichen Dichte von fast 9 Unfällen pro Kilometer und Jahr – die gleichermaßen durch im Bereich der Strecke und im Bereich der Knoten aufgetretene Unfälle verursacht wird – ergibt sich hiermit ein Wert, der sehr wirksam die auf gemischt genutzten (Haupt-) Verkehrsstraßen bestehenden Sicherheitsdefizite verdeutlicht.

Eine unfallfolgenspezifische Aufschlüsselung der Unfalldichtewerte – wie sie in Bild 8 vorgenommen worden ist – zeigt, daß die Dichtewerte von Knoten- und Streckenunfällen mit schwerem Personenschaden mit Werten von 0,69 bzw. 0,62 Unfällen pro Kilometer und Jahr kaum voneinander abweichen. Bei den Unfällen mit leichtem Personenschaden kommt es zu leicht höheren Unfalldichten bei den Streckenunfällen, bei den Unfällen ohne Personenschaden liegt der Schwerpunkt des Unfallgeschehens demgegenüber bei den Knotenunfällen.

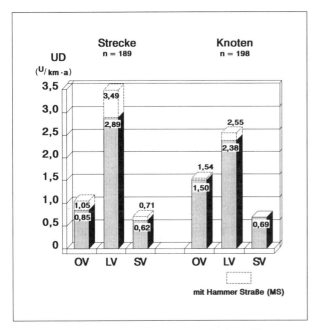

Bild 8: Unfalldichten und Unfallfolgen – Radwegführung

Unfallraten UR

Eine für Vergleichs- und Interpretationszwecke besonders geeignete Kenngröße des Unfallgeschehens ist die Unfallrate UR, die als relativierende Größe die auf einem Untersuchungsabschnitt geleistete Verkehrsarbeit miteinbezieht. Bezogen auf den Radverkehr wird die Unfallrate UR wie folgt definiert:

$$UR_{RAD} = \frac{\sum_{i=1}^{n} U_i \cdot 10^6}{M_{RAD} \cdot L \cdot 365} \left(U/10^6 \cdot RAD \cdot km \right)$$

M_{RAD} kennzeichnet die durchschnittliche tägliche Menge des Radverkehrs, L die jeweilige Streckenlänge des Untersuchungsabschnittes.

Entsprechend den in Tabelle 7 getroffenen Aufschlüsselungen weist Tabelle 8 fallbeispielbezogen die auf dieser Basis ermittelten Unfallraten aus.

Tabelle 8 macht deutlich, daß die für die einzelnen Fallbeispiele ermittelten Unfallraten in einem breiten Spektrum streuen. Hohe wie auch niedrige Unfallraten sind hierbei in allen Straßentypenkategorien zu finden. In der Gesamtheit der betrachteten Fälle ergibt sich eine überdurchschnittlich hohe mittlere Unfallrate von 10,0 Unfällen pro 1 Million Radfahrkilometer, die in nahezu gleichem Maße durch Strekken- und durch Knotenunfälle bestimmt wird.

Eine Überprüfung von Abhängigkeiten zeigt, daß ein Zusammenhang zwischen der Stärke des Kfz-Verkehrs und den ermittelten Unfallraten bei den Fallbeispielen der untersuchten Führungsvariante nicht gegeben ist (siehe Bild 9). Zwischen der Stärke des Radverkehrs und den Unfallraten zeichnet sich demgegenüber – nach Bild 10 – ein leichter Zusammenhang ab. So sinkt die Unfallrate mit zunehmender Radverkehrsbelastung. Es ist allerdings zu vermuten, daß das festgestellte Abhängigkeitsbild in erster Linie durch ortsspezifische Einflüsse (niedrige Unfallraten bei den Fallbeispielen aus Münster) geprägt wird.

Beeinflußt wird das Unfallgeschehen auch von der jeweiligen Nutzungsintensität und -vielfalt einer Straße und dem hiervon ausgehenden Störpotential. So weisen Straßen der Typkategorie A (Geschäftsstraßen) mit einem durchschnittlichen Streckenwert von rd. 5,8 U/10^6 Rad.km leicht höhere Unfallraten auf als die übrigen Straßen (UR = 4,5 U/10^6 Rad.km). Im Bereich der Knoten sind diese Unterschiede kaum gegeben.

Straße	Typ	UR_V^{ST}	UR_V^K	UR^{ST}	UR^K	UR
Vahrenwalder Str. (H)	I 1A	3,4	4,6	4,6	6,0	10,6
Hildesheimer Str. (H)	I 1A	2,8	5,0	4,0	8,6	12,6
Düsseldorfer Str. (DU)	I 1A	4,1	1,5	4,1	1,5	5,6
Waller Heerstr. (HB)	I 2A	5,6	2,2	6,7	3,9	10,6
Hammer Str. (MS)	II 1A	3,6	1,5	4,5	2,0	6,5
Wolbecker Str. (MS)	II 1A	2,8	2,8	3,9	3,0	6,9
Uerdinger Str. (KR)	II 1A	4,8	2,9	5,7	3,8	9,5
Venloer Str. (K)	II 1A	11,2	5,3	13,0	11,8	24,8
Warendorfer Str. (MS)	II 1B	1,5	0,9	1,9	1,8	3,7
Am Dobben (HB)	II 1B	1,4	0,7	1,4	2,1	3,5
F.-Wallbrecht-Str. (H)	II 2B	6,0	7,2	6,6	9,0	15,6
Bödekerstr. (H)	II 2B	5,7	6,8	7,4	10,3	17,7
Kornstr. (HB)	II 2B	3,7	3,7	4,6	4,6	9,2
Humboldtstr. (HB)	II 1C	3,6	2,6	4,0	3,6	7,6
Geiststr. (MS)	II 2C	4,0	0,7	4,6	0,7	5,3
Gladbacher Str. (KR)	II 2C	3,6	4,8	6,0	7,2	13,2
Am Hulsb./Schw. Meer (HB)	III 2B	3,0	3,0	3,6	3,6	7,3

Tab. 8: Unfallraten der einzelnen Fallbeispiele – Radwegführung

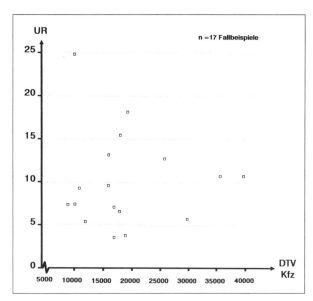

Bild 9: Unfallrate im Radverkehr in Abhängigkeit von der Kfz-Verkehrsbelastung – Radwegführung

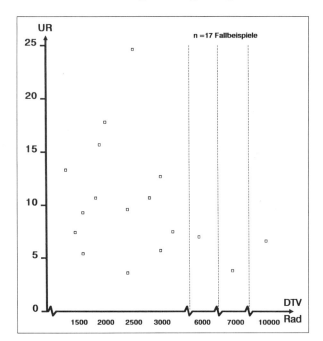

Bild 10: Unfallrate im Radverkehr in Abhängigkeit von der Radverkehrsbelastung – Radwegführung

Unfalltypen

Den typenspezifischen Aufgliederungen des Radfahrerunfallgeschehens wird der im Rahmen dieser Arbeit auf die Belange des Radverkehrs abgestimmte 3stellige Unfalltypenkatalog (siehe Anhang) zugrundegelegt. Bild 11 enthält in einer ersten Zusammenfassung eine Zuordnung der registrierten Radfahrer-Streckenunfälle zu den sieben Hauptgruppen des Unfallgeschehens. Eine typenbezogene Detailaufschlüsselung, aus der besonders gut Rückschlüsse auf anlagenspezifische Sicherheitsdefizite gezogen werden können, erfolgt in Bild 12.

Bild 11 macht deutlich, daß sich die registrierten Radfahrer-Streckenunfälle ziemlich gleichmäßig auf die Typengruppen 100 bis 600 aufteilen. Einen Spitzenwert mit einem Anteil von 24,9 % erreichen die im Längsverkehr aufgetretenen Unfälle (Typengruppe 600), gefolgt von den Unfällen mit dem ruhenden Verkehr (Typengruppe 500; 18,8 %) und den Unfällen mit dem Fußgängerquerverkehr (Typengruppe 400; 15,9 %). Besonders auffällig ist der hohe Anteil der Allein-Unfälle (Typengruppe 100) an den Unfällen mit schwerverletzten Verkehrsteilnehmern (Anteilswert: 40 %).

Eine Betrachtung des Unfallgeschehens auf Ebene der Unfalltypenuntergruppen (siehe Bild 12) zeigt, daß bei den Allein-Unfällen insbesondere Unfälle des Typs 180 vertreten sind. Es sind dies Unfälle, bei denen Radfahrer mit Straßenausstattungsgegenständen (Laternen, Poller, Sperrpfähle usw.) kollidierten und sich dabei in einigen Fällen schwer verletzten.

Bei den Unfällen der Typengruppe 200 (Abbiege-Unfälle) handelt es sich nahezu vollständig um Unfälle zwischen geradeausfahrenden Radfahrern und abbiegenden Kraftfahrzeugen (Untergruppe 210). Mit fast drei Viertel der Fälle überwiegen in dieser Untergruppe die Unfälle in der Konfliktkonstellation zwischen geradeausfahrenden – den Radweg in richtiger Richtung benutzenden – Radfahrern und rechtsabbiegenden Kraftfahrzeugen. In einigen weiteren Fällen kommt es zu Unfällen zwischen geradeausfahrenden Radfahrern und linksabbiegenden Kraftfahrzeugen. Unfälle mit in falscher Richtung den Radweg benutzenden Radfahrern sind in der Typengruppe 200 kaum zu registrieren.

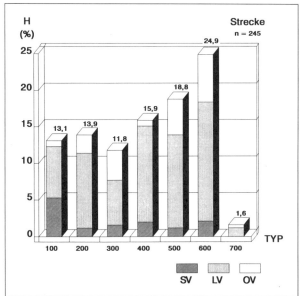

Bild 11: Typenspezifische Aufgliederung der Streckenunfälle – Radwegführung

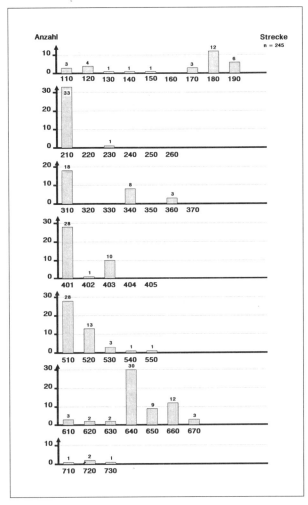

Bild 12: Detailaufschlüsselung der Streckenunfälle
– Radwegführung

In der Typengruppe 300 (Einbiegen-/Kreuzen-Unfälle) kommt es vor allem zu Unfällen zwischen geradeausfahrenden Radfahrern und einbiegenden Kraftfahrzeugen (Untergruppe 310). In dieser Untergruppe sind alle sechs der definierten Konfliktkonstellationen vertreten. Es überwiegen Unfälle zwischen rechtseinbiegenden Kraftfahrzeugen und den Radweg in falscher Richtung benutzenden Radfahrern. Zahlenmäßig und von ihrer Problematik her von Bedeutung sind außerdem die zwischen im Streckenbereich die Fahrbahn querenden Radfahrern und kreuzenden Kraftfahrzeugen aufgetretenen Unfälle (Untergruppe 340).

In der Typengruppe 400 (Unfälle mit querenden Fußgängern) überwiegen mit einem Anteil von über 70 % die Unfälle in der Konfliktkonstellation zwischen Radfahrern, die in richtiger Richtung fahren, und Fußgängern, die vom Straßenrand (Gehweg) aus kommend sich zur Fahrbahn hin bewegen (Konstellation 401). In den restlichen Fällen wurden von der Fahrbahn (oder von einem Parkstreifen) her kommende Fußgänger in Unfälle mit den Radfahrern verwickelt (Konstellation 403).

In der Typengruppe 500 (Unfälle mit dem ruhenden Verkehr) sind mit einem Anteilswert von 61 % vor allem Unfälle der Untergruppe 510 (Unfälle durch das Öffnen einer Wagentür) vertreten. Überwiegend sind dies – der betrachteten Führungsvariante entsprechend – Unfälle, die in Zusammenhang mit dem unachtsamen Öffnen der Beifahrertür stehen (Unfallkonstellation 512). Ein weiterer Teil der Unfälle mit dem ruhenden Verkehr ist der Untergruppe 520 zuzuordnen. Schwerpunktmäßig sind dies Unfälle, bei denen es zu einem seitlichen Auffahren auf ordnungsgemäß abgestellte Kraftfahrzeuge gekommen ist (Unfallkonstellation 523). Unfälle mit anhaltenden, einparkenden, anfahrenden oder ausparkenden Kraftfahrzeugen (Untergruppen 530 und 540) sind im Rahmen der behandelten Führungsvariante erwartungsgemäß kaum zu registrieren.

Bei den Unfällen der Typengruppe 600 (Unfälle im Längsverkehr) überwiegen mit einem Anteilswert von 64 % die unter alleiniger Beteiligung von Radfahrern aufgetretenen Unfälle. Es dominieren in diesem Bereich die im Parallelverkehr zwischen Radfahrern registrierten Unfälle (Untergruppe 640), wobei es hier vor allem zu Unfällen bei Radfahrerüberholvorgängen gekommen ist (Konfliktkonstellation 641). Weitere Unfälle unter alleiniger Beteiligung von Radfahrern ereigneten sich im Begegnungsverkehr zwischen entgegenkommenden Radfahrern (Untergruppe 650). Von zahlenmäßiger Bedeutung sind auch die im Längsverkehr zwischen Radfahrern und Fußgängern aufgetretenen Unfälle. 20 % der insgesamt im Längsverkehr registrierten Unfälle sind diesem Typ (Untergruppe 660) zuzuordnen.

Nahezu sämtliche der im Rahmen der Radwegführung registrierten Radfahrerstreckenunfälle konnten den Typengruppen 100 bis 600 zugeordnet werden. Unfälle der Typengruppe 700 (sonstige Unfälle) sind so kaum zu verzeichnen.

Die im Bereich der Knoten registrierten Radfahrerunfälle ereigneten sich größtenteils als Abbiege-Unfälle (Typengruppe 200) und als Einbiegen-/Kreuzen-Unfälle (Typengruppe 300). 37,7 % der Knotenunfälle sind der Typengruppe 200, 50,2 % der Typengruppe 300 zuzuordnen. Die weiteren Knotenunfälle verteilen sich gleichermaßen auf die Typengruppen 100, 400 und 600 (siehe Bild 13).

Innerhalb der Typengruppe 200 entfällt mit einem

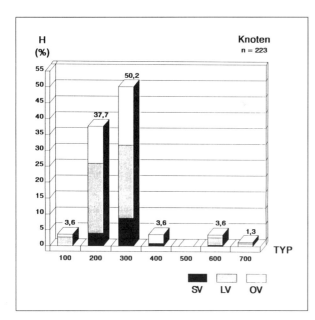

Bild 13: Typenspezifische Aufgliederung der Knotenunfälle – Radwegführung

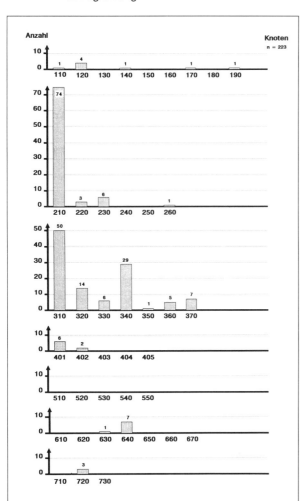

Bild 14: Detailaufschlüsselung der Knotenunfälle – Radwegführung

Anteil von 88 % der größte Teil der Radfahrerunfälle auf die Untergruppe 210. Es sind dies Unfälle zwischen geradeausfahrenden Radfahrern und abbiegenden Kraftfahrzeugen (siehe Bild 14). Eine Detailaufschlüsselung zeigt, daß es hierbei in nahezu gleichem Maße zu Unfällen mit rechtsabbiegenden und mit linksabbiegenden Kraftfahrzeugen gekommen ist. Der Anteil der die Radwege hierbei in falscher Richtung befahrenden Radfahrer liegt bei 11 %. Die falsch fahrenden Radfahrer kollidierten vor allem mit rechtsabbiegenden Kraftfahrzeugen.

Recht breit ist das Spektrum der in der Typengruppe 300 registrierten Unfälle. Mit einem Prozentwert von 45 % anteilsmäßig am stärksten vertreten sind die der Untergruppe 310 zuzuordnenden Unfälle. Es sind dies Unfälle zwischen Radfahrern in Längsrichtung und einbiegenden Kraftfahrzeugen. Es überwiegen hierbei die Unfälle mit rechtseinbiegenden Kraftfahrzeugen. Weitere 13 % der Unfälle ereigneten sich zwischen Radfahrern in Längsrichtung und kreuzenden Kraftfahrzeugen (Untergruppe 320). An knapp 50 % der in den Gruppen 310 und 320 festgestellten Radfahrerunfälle waren in falscher Richtung fahrende Radfahrer beteiligt.

Bei einem weiteren wichtigen Teil der Einbiegen-/Kreuzen-Unfälle handelt es sich um Unfälle zwischen einbiegenden Radfahrern und kreuzenden Kraftfahrzeugen (Untergruppe 330) sowie um Unfälle zwischen (die Fahrbahn) querenden Radfahrern und einbiegenden/kreuzenden Kraftfahrzeugen (Untergruppe 340). Unfälle dieser Art erreichen zusammen einen Anteil von 31 % an allen Einbiegen-/Kreuzen-Unfällen. Es überwiegen hierbei die Unfälle der Konfliktkonstellation 342 und 345 (Unfälle zwischen Kraftfahrzeugen im Längsverkehr und querenden Radfahrern).

Unfälle in den übrigen Typengruppen waren nur in einem geringen Maße zu registrieren. Zu leichten Häufungen kommt es allerdings bei den Unfällen mit querenden Fußgängern (Konfliktkonstellation 401) sowie bei den Unfällen im Parallelverkehr unter alleiniger Beteiligung von Radfahrern (Untergruppe 640).

Situationsspezifische Aufschlüsselungen

Die in die Untersuchungen einbezogenen Fallbeispiele unterscheiden sich trotz der bei der Auswahl getroffenen Eingrenzungen oft erheblich in ihrem jeweiligen Merkmalsspektrum. Jede Straße hat ihre eigene Charakteristik – geprägt u. a. durch unterschiedliche Netzaufgaben, eine differierende Umfeldsituation, unterschiedlich hohe und in ihren Beziehungen strukturierte Verkehrsbelastungen, differierende Breitengebungen der einzelnen Elemente bis hin zu unterschiedlichen Einbindungs- und Ausgestaltungsformen der untersuchten Radwege. Das Sicherheitsgeschehen wird geprägt von der Gesamtheit dieser Größen in Verknüpfung mit den verkehrsteilnehmerbezogenen/verhaltensspezifischen Faktoren.

Aufgrund der Vielfalt der sicherheitsrelevanten Merkmalsgrößen bereitet es bei der gegebenen Zahl von Fallbeispielen Schwierigkeiten, geeignete Ordnungsprinzipien zu entwickeln, anhand derer Aggregationen und darauf aufbauende Sicherheitsvergleiche zu treffen sind. Als einzig gangbar zur Herausarbeitung anlagenspezifischer Sicherheitscharakteristiken erscheint daher der Weg, auf der Basis von Einzelfallbetrachtungen und sich anschließenden Quervergleichen den Versuch zu unternehmen, Gemeinsamkeiten und Unterschiede der einzelnen Führungsspezifika herauszukristallisieren, um hierauf aufbauend dann Aussagen von allgemeingültiger Bedeutung treffen zu können.

Von ähnlicher Strukturierung sind die Vahrenwalder und die Hildesheimer Straße in Hannover, die Düsseldorfer Straße in Duisburg und die Waller Heerstraße in Bremen. Es überwiegt auf diesen Straßen die Verbindungsfunktion für den Kfz-Verkehr mit entsprechend hohen Belastungen. Alle vier Straßen sind darüber hinaus wichtige Verbindungsachsen für den öffentlichen Verkehr, dies teils in unterirdischer, überwiegend aber in oberirdischer Führung (Mittellage). Den hohen Verkehrsbelastungen entsprechend weisen diese auch von den übrigen Verkehren stark frequentierten Straßen große Straßenraumbreiten auf; die Trennwirkungen sind hoch.

Vom Unfallgeschehen her weisen die genannten Straßen streckenbezogene Unfallraten auf, die mit Werten von 4,0 bis zu 6,7 U/10^6 Rad.km im Durchschnittsbereich aller einbezogenen Straßen liegen. Die entsprechenden knotenbezogenen Werte differieren in einem stärkeren Maße.

Recht ähnlich gelagerte Unfallcharakteristiken ergeben sich bei der Vahrenwalder und bei der Hildesheimer Straße. Das Unfallgeschehen beider Straßen wird geprägt durch Abbiege-Unfälle, Unfälle mit querenden Fußgängern sowie Unfälle im Längsverkehr. Hinzu kommen einige Einbiegen-/Kreuzen- sowie Allein-Unfälle. Unfälle mit dem ruhenden Verkehr sind demgegenüber nicht zu verzeichnen, was in erster Linie auf die gute Trennung zwischen Radweg und Stellmöglichkeiten zurückzuführen ist. Zu Unfallhäufungen kommt es auf beiden Straßen demgegenüber in den Knotenpunkten.

Insbesondere die Hildesheimer Straße weist mit einem Wert von 8,6 U/10^6 Rad.km eine sehr hohe knotenbezogene Unfallrate auf. Es häufen sich auf dieser Straße vor allem die Unfälle von Radfahrern in Längsrichtung mit ein- bzw. abbiegenden Kraftfahrzeugen. Nach den durchgeführten Analysen dürfte sich insbesondere die fahrbahnferne Führung des Radverkehrs mit weit von der Fahrbahn abgesetzten Radfahrerfurten nachteilig auf die Sicherheitssituation auswirken.

Knotenunfälle spielen auf der Düsseldorfer Straße und auf der Waller Heerstraße kaum eine Rolle, was mit auf die geringen Querbeziehungen in den betrachteten Straßenabschnitten zurückzuführen sein dürfte. Im Bereich der Strecke kommt es auf diesen beiden Straßen vor allem zu Ab- und Einbiege-Unfällen sowie zu einzelnen Unfällen mit dem ruhenden Verkehr. Ein wesentlicher Teil dieser Unfälle wurde durch in falscher Richtung fahrende Radfahrer mitverursacht.

Zu den Straßen mit einer besonders intensiven und vielfältigen Nutzung und entsprechend hohen Nutzungskonkurrenzen zählen die Hammer und die Wolbecker Straße in Münster, die Venloer Straße in Köln sowie – mit Abstrichen – die Uerdinger Straße in Krefeld.

Eine besonders hohe Zahl an Radfahrerunfällen ist auf der Hammer Straße zu registrieren. Es häufen sich auf dieser Straße die Unfälle mit dem ruhenden Verkehr (unachtsames Öffnen der Beifahrertür). Darüber hinaus sind eine Reihe von Allein-Unfällen, Abbiege-Unfällen und Unfälle mit querenden Fußgängern zu verzeichnen. Es wird deutlich, daß die auf der Hammer Straße vorhandenen Radwegbreiten von 1,4 m/1,5 m (tw. ohne Trennstreifen) den zu bewältigenden Radfahrermengen in einem nicht hinreichenden Maße gerecht werden, zumal der Bewegungsraum der Radfahrer durch das direkt angrenzende durchgängige Fahrbahnlängsparken weiter eingeschränkt wird. Bezogen auf die äußerst hohe Radverkehrsbelastung von durchschnittlich 10 000 Radfahrern pro Tag ergibt sich für die Hammer Straße eine streckenbezogene Unfallrate von 4,5 Unfällen/10^6 Rad.km. Diese trotz der beschriebenen Sicherheitsprobleme recht niedrige und unter dem Durchschnittswert liegende Unfallrate dürfte mit auf die Verkehrsgewandtheit der Münsteraner Radfahrer und auf das „Geübtsein" in der Bewältigung von Interaktionen zurückzuführen sein. Unfälle auf der Fahrbahn waren auf der Hammer Straße nur in Ausnahmefällen zu verzeichnen.

Das Unfallgeschehen der Wolbecker Straße in

Münster und auch der Uerdinger Straße in Krefeld ist gekennzeichnet durch jeweils einzelne Unfälle in den zugrundegelegten Typengruppen. Typenbezogene Unfallhäufungen, anhand derer auf Ausgestaltungsmängel zu schließen wäre, ergeben sich nicht.

Zu den in das Untersuchungskollektiv einbezogenen Straßen mit den größten Sicherheitsdefiziten zählt die 1989 umgestaltete Venloer Straße in Köln. Es kommt auf dieser Straße gleichermaßen zu Unfällen im Strecken- und im Knotenbereich. Im Bereich der Strecke überwiegen die Unfälle mit dem Fußgängerquerverkehr. Aus der Einzelanalyse dieser Unfälle wird deutlich, daß mit einer Aneinanderreihung von Mindestquerschnitten (Radweg/Gehweg) den Sicherheitserfordernissen insbesondere bei höheren Verkehrsbelastungen kaum entsprochen werden kann, da die notwendigen Orientierungs- und Kompensationsräume zur Bewältigung der Interaktionen fehlen. Weitere Streckenunfälle auf der Venloer Straße ereigneten sich mit dem ruhenden Verkehr (Öffnen der Wagentür), im Längsverkehr sowie als Allein-Unfälle. Im Streckenbereich aufgetretene Ein- bzw. Abbiege-Unfälle waren nur in Ausnahmefällen zu registrieren, da Grundstückszufahrten bei dem dichten Geschäftsbesatz kaum vorhanden sind.

Als problematisch erweist sich auf der Venloer Straße auch die Sicherheitssituation in den Bereichen der als Einbahnstraßen (wechselnde Richtungen) in die Venloer Straße einmündenden Seitenstraßen. Es kommt hierbei in gleichem Maße zu Ein- und Abbiege-Unfällen. In falscher Richtung fahrende Radfahrer sind auf der Venloer Straße nur in Ausnahmefällen an diesen Unfällen beteiligt.

Recht niedrige Unfallraten weisen die Warendorfer Straße in Münster und die Straße Am Dobben in Bremen auf. Das Unfallgeschehen der Warendorfer Straße ist gekennzeichnet durch eine Mischung der Unfalltypen mit einem Schwerpunkt im Bereich des Längsverkehrs. Sicherheitsfördernd dürften sich auf der Warendorfer Straße die in Teilbereichen klare Trennung von Radverkehr und ruhendem Verkehr sowie die übersichtliche Straßenraumsituation auswirken. Auf der Straße Am Dobben kam es bei relativ geringem Störpotential nur vereinzelt zu Unfällen.

Sehr hohe Unfallraten, die durch eine Reihe von Streckenunfällen und in einem noch stärkeren Maße durch Knotenunfälle bestimmt werden, sind auf der Ferdinand-Wallbrecht-Straße und der Bödekerstraße in Hannover zu registrieren. Auf beiden Straßen kommt es im Bereich der Strecke zu einer Mischung der Unfalltypen mit einem breiten Spektrum an Konfliktkonstellationen. Schwerpunkte des Unfallgeschehens ergeben sich hierbei im Bereich des Fußgängerquerverkehrs, des ruhenden Verkehrs sowie im Längsverkehr.

Im Bereich der Knoten überwiegen auf beiden Straßen die Unfälle zwischen geradeausfahrenden Radfahrern und abbiegenden Kraftfahrzeugen. Für die Bödekerstraße ergibt sich noch eine zweite Unfallhäufung – dies bei den Unfällen zwischen querenden Radfahrern und einbiegenden/kreuzenden Kraftfahrzeugen.

Das Unfallgeschehen der ähnlich strukturierten Kornstraße und der Straßen Am Hulsberg/Am Schwarzen Meer in Bremen ist bei leicht unter dem Durchschnitt liegenden Unfallraten gekennzeichnet durch jeweils einzelne Unfälle in den sieben definierten Unfalltypengruppen. Bei der ohne Trennstreifen ausgestalteten Kornstraße kommt es hierbei zu einer leichten Ansammlung von Unfällen mit dem ruhenden Verkehr (Öffnen der Wagentür) sowie im Längsverkehr. Einzelne dieser Unfälle ereigneten sich auf der Fahrbahn direkt nach Verlassen des Radweges.

Zu den in das Untersuchungskollektiv einbezogenen Straßen mit überwiegender Wohnnutzung bei mittelstarker Frequentierung durch den Kfz-Verkehr zählen die Humboldtstraße in Bremen, die Geiststraße in Münster sowie die Gladbacher Straße in Krefeld, wobei die breite Gladbacher Straße in einem stärkeren Maße Verbindungsaufgaben wahrnimmt. Auf der Geiststraße in Münster sind einzelne Allein-Unfälle, Unfälle mit querenden Fußgängern sowie mit (aus-) parkenden Kraftfahrzeugen zu registrieren. Auf der Humboldtstraße in Bremen ist das Streckenunfallgeschehen gekennzeichnet durch einzelne Allein-Unfälle, Unfälle mit (ein-) parkenden Fahrzeugen, im Längsverkehr sowie vor allem durch Unfälle von Radfahrern, die im Streckenbereich die Fahrbahn queren.

Höhere Unfallraten weist die Gladbacher Straße in Krefeld auf. Schwerpunktmäßig sind auf dieser Straße, bei der der 1,6 m breite Radweg direkt an den auf der Fahrbahn eingerichteten Längsparkstreifen grenzt, Unfälle zwischen (rechts-) abbiegenden Kraftfahrzeugen und geradeausfahrenden Radfahrern sowie Unfälle im Längsverkehr in unterschiedlichen Konstellationen vertreten. In den Knotenpunkten der Gladbacher Straße kommt es zu einzelnen Abbiege-Unfällen, vor allem aber zu Einbiegen-/Kreuzen-Unfällen, bei denen in gleichem

Maße in Längsrichtung fahrende sowie die Fahrbahn querende Radfahrer beteiligt sind.

Die vorliegenden Aufschlüsselungen geben einen Überblick über die Unfallcharakteristik der einzelnen Fallbeispiele und erste Hinweise auf sicherheitsbezogene Ausgestaltungsmängel und -notwendigkeiten. Weitere Hinweise sind aus der Verknüpfung der Ergebnisse der Unfallanalysen mit den Erkenntnissen der durchgeführten Verkehrsverhaltensbeobachtung zu erwarten.

5.4 Fahrbahnführung

Der Analyse der im Rahmen der Fahrbahnführung des Radverkehrs aufgetretenen Unfälle soll zunächst eine fallbeispielbezogene Übersicht sämtlicher Radfahrerunfälle vorangestellt werden. Es wird hierbei wiederum unterschieden zwischen Unfällen ohne Verletzte / Unfällen mit Sachschaden (OV), Unfällen mit Leichtverletzten (LV) und Unfällen mit Schwerverletzten (SV).

Tabelle 9 zeigt, daß in dem ausgewählten Untersuchungskollektiv einzelne Straßen mit einer hohen Zahl an registrierten Radfahrerunfällen vertreten sind.

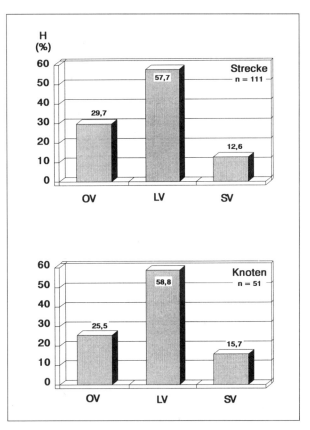

Bild 15: Unfallfolgen – Fahrbahnführung

Straße	Typ	Anzahl der Unfälle								ΣΣ
		Strecke				Knoten				
		OV	LV	SV	Σ	OV	LV	SV	Σ	
Podbielskistr. (H)	I 3B	8	16	1	25	5	6	0	11	36
Rheinstr. (KR)	II 1A	1	9	2	12	0	0	2	2	14
Kalker Hauptstr. (K)	II 2A	3	7	1	11	1	2	0	3	14
Langemarkstr. (HB)	II 2B	1	3	1	5	1	4	1	6	11
Bonner Talweg (BN)	II 2B	3	2	1	6	1	1	1	3	9
Erzberger Str. (MG)	II 3B	2	1	0	3	0	0	0	0	3
Roonstr. (K)	II 2C	2	1	1	4	0	1	2	3	7
Römerstr. (BN)	II 2C	0	1	0	1	0	7	0	7	8
Sternenburgstr. (BN)	II 2C	0	1	0	1	0	1	1	2	3
Zülpicher Str. (K)	III 1A	6	12	6	24	2	5	0	7	31
Marktstr. (KR)	III 2A	1	3	0	4	1	0	0	1	5
Dellbrücker Hauptstr. (K)	III 2A	2	2	0	4	0	0	1	1	5
Küppersteger Str. (LEV)	III 2A	1	2	0	3	0	1	0	1	4
Kölner Str. (LEV)*	III 3A	1	0	0	1	0	0	0	0	1
Admiralstr. (HB)	III 2B	1	1	1	3	1	2	0	3	6
Hemmstr. (HB)	III 2B	1	3	0	4	1	0	0	1	5
Gesamt	F	33	64	14	111	13	30	8	51	162

* verkürzter Betrachtungszeitraum (1,5 Jahre)

Tab. 9: Fallbeispielbezogene Aufschlüsselung der Unfälle mit Radfahrerbeteiligung – Fahrbahnführung

Dem stehen eine Reihe von Straßen mit nur einzelnen Unfällen gegenüber. Es sind dies vor allem Straßen, die in einem etwas schwächeren Maße vom fließenden Verkehr frequentiert werden. Die Untersuchungsstreckenlängen dieser Straßen liegen unter dem Durchschnitt.

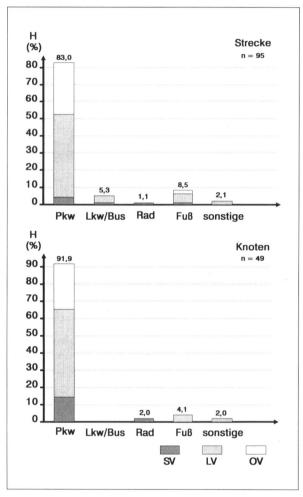

Bild 16: Unfallgegner der verunglückten Radfahrer
– Fahrbahnführung

Unfallfolgen

Eine Aufschlüsselung der bei Radfahrerunfällen jeweils aufgetretenen schwerwiegendsten Unfallfolgen zeigt (siehe Bild 15), daß die ermittelten strecken- und knotenbezogenen Werte nur unwesentlich voneinander abweichen. So liegt der Anteil der Unfälle mit verletzten Verkehrsteilnehmern – fast ausnahmslos sind dies Radfahrer – im Bereich der Strecke bei 70,3 %, im Bereich der Knoten bei 74,5 %.

Unfallgegner

Haupt-Unfallgegner der Radfahrer sind mit Anteilswerten von 83,0 % (Strecke) und sogar 91,9 % (Knoten) die Pkw-Fahrer. In 8,5 % (Strecke) bzw. 4,1 % (Knoten) der Fälle sind Fußgänger die Unfallgegner. Lastkraftwagen sind in 5,3 % (Strecke) der Fälle an den Radfahrerunfällen beteiligt (siehe Bild 16).

Unfallverursacher

Der leicht überwiegende Anteil der registrierten Radfahrerunfälle wird von den Unfallgegnern der Radfahrer verursacht (siehe Bild 17). Mitverursacher von Unfällen sind in einem etwas stärkeren Maße die Radfahrer.

Ort der Radfahrerunfälle

Der weitaus größte Teil der im Rahmen der Fahrbahnführung registrierten Radfahrerunfälle ereignete sich erwartungsgemäß im Fahrbahnbereich. Der Anteil der auf Gehwegen verunglückten Radfahrer liegt so im Bereich der Strecke bei nur 7 %. Bemerkenswert ist, daß von denjenigen Radfahrern, die im Bereich der Knotenpunkte verunglückten, rd. 20 % zuvor den Gehweg benutzt hatten.

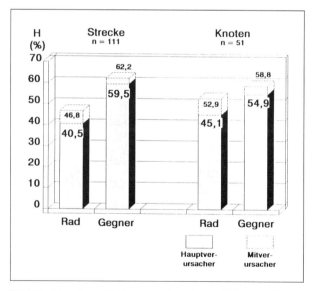

Bild 17: Haupt- und Mitverursacher der Radfahrerunfälle
– Fahrbahnführung

Unfalldichten UD

Die Aufschlüsselung der Unfalldichtewerte in Tabelle 10 erfolgt entsprechend der in Tabelle 7 gewählten Form. Es wird deutlich, daß die ermittelten Unfalldichten wiederum in einem breiten Spektrum differieren. Besonders hohe Unfalldichtewerte ergeben sich für die Rheinstraße in Krefeld, die Kalker Hauptstraße und die Zülpicher Straße in Köln sowie die Langemarkstraße in Bremen. Es sind dies Straßen mit über dem Durchschnitt liegenden Radver-

Straße	Typ	UD_V^{ST}	UD_V^K	UD^{ST}	UD^K	UD	Unfälle/Knoten
Podbielskistr. (H)	I 3B	2,8	1,0	4,1	1,8	5,9	0,28
Rheinstr. (KR)	II 1A	9,2	1,7	10,0	1,7	11,7	0,07
Kalker Hauptstr. (K)	II 2A	5,8	1,4	8,0	2,2	10,2	0,09
Langemarkstr. (HB)	II 2B	3,3	4,2	4,2	5,0	9,2	0,40
Bonner Talweg (BN)	II 2B	2,0	1,3	4,0	2,0	6,0	0,07
Erzberger Str. (MG)	II 3B	0,4	0,0	1,2	0,0	1,2	0,00
Roonstr. (K)	II 2C	1,1	1,7	2,3	1,7	4,0	0,10
Römerstr. (BN)	II 2C	0,7	4,6	0,7	4,6	5,3	0,15
Sternenburgstr. (BN)	II 2C	0,6	1,2	0,6	1,2	1,8	0,05
Zülpicher Str. (K)	III 1A	5,3	1,5	7,0	2,1	9,1	0,17
Marktstr. (KR)	III 2A	1,6	0,0	2,1	0,5	2,6	0,02
Dellbrücker Hauptstr. (K)	III 2A	1,3	0,6	2,6	0,6	3,2	0,02
Küppersteger Str. (LEV)	III 2A	1,7	0,8	2,5	0,8	3,3	0,07
Kölner Str. (LEV)	III 3A	0,0	0,0	1,4	0,0	1,4	0,00
Admiralstr. (HB)	III 2B	2,1	2,1	3,1	3,1	6,2	0,11
Hemmstr. (HB)	III 2B	2,9	0,0	3,8	1,0	4,8	0,02

Tab. 10: Unfalldichten der einzelnen Fallbeispiele – Fahrbahnführung

kehrsbelastungen, so daß sich auch hier wiederum die Erforderlichkeit zeigt, mit Hilfe der Unfallraten entsprechende Relativierungen vorzunehmen.

Die Aufschlüsselung der Unfalldichtewerte in Tabelle 10 macht deutlich, daß das in Zusammenhang mit der Fahrbahnführung registrierte Radfahrerunfallgeschehen bei fast allen Fallbeispielen von den Streckenunfällen bestimmt wird. In der Gesamtheit der betrachteten Fallbeispiele ergeben sich so die folgenden – in Bild 18 unfallfolgenspezifisch aufgegliederten – Aufteilungen:

UD^{ST} = 3,76 U / km * a
UD^K = 1,73 U / km * a
UD_{GES} = 5,49 U / km * a

Unfallraten

Von besonders hoher Aussagekraft sind die ermittelten Unfallraten, da in diese Größe die jeweiligen durchschnittlichen Radverkehrsbelastungen als relativierende Faktoren mit einbezogen werden.

Wie schon bei der Radwegführung differieren die für die einzelnen Fallbeispiele ermittelten Unfallraten in einem erheblichen Maße. Zum Teil werden sehr hohe Werte erreicht, so auf der Podbielskistraße in Hannover, der Rheinstraße in Krefeld, der Kalker Hauptstraße in Köln, der Langemarkstraße in Bremen und dem Bonner Talweg in Bonn (siehe Tabelle 11). Es sind dies alles Straßen, die durch über dem Durchschnitt liegende Kfz-Belastungen, die vor allem aber durch ein belebtes Umfeld und eine starke Belegung durch den ruhenden Verkehr gekennzeichnet sind. Auch bei den vom fließenden Kfz-Verkehr etwas schwächer belasteten Straßen weisen vor allem diejenigen Straßen höhere Unfallraten auf, bei denen ein hohes Störpotential gegeben ist (z.B. Zülpicher Straße und Dellbrücker

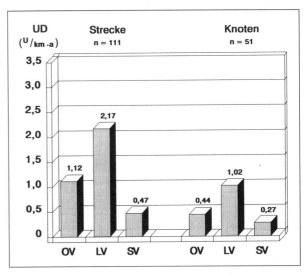

Bild 18: Unfalldichten und Unfallfolgen – Fahrbahnführung

Straße	Typ	UR_V^{ST}	UR_V^K	UR^{ST}	UR^K	UR
Podbielskistr. (H)	I 3B	9,6	3,4	14,1	6,2	20,3
Rheinstr. (KR)	II 1A	10,5	1,9	11,4	1,9	13,3
Kalker Hauptstr. (K)	II 2A	9,3	2,3	12,9	3,5	16,4
Langemarkstr. (HB)	II 2B	5,9	7,4	7,4	8,8	16,2
Bonner Talweg (BN)	II 2B	5,5	3,7	11,0	5,5	16,4
Erzberger Str. (MG)	II 3B	1,2	0,0	3,7	0,0	3,7
Roonstr. (K)	II 2C	3,1	4,6	6,2	4,6	10,8
Römerstr. (BN)	II 2C	0,9	7,1	1,0	7,1	8,1
Sternenburgstr. (BN)	II 2C	1,1	2,1	1,1	2,1	3,2
Zülpicher Str. (K)	III 1A	6,0	1,7	8,0	2,3	10,3
Marktstr. (KR)	III 2A	3,1	0,0	4,2	1,0	5,2
Dellbrücker Hauptstr. (K)	III 2A	3,2	1,6	6,4	1,6	8,0
Küppersteger Str. (LEV)	III 2A	4,6	2,3	6,8	2,3	9,1
Kölner Str. (LEV)	III 3A	0,0	0,0	4,2	0,0	4,2
Admiralstr. (HB)	III 2B	3,2	3,2	4,8	4,8	9,5
Hemmstr. (HB)	III 2B	4,2	0,0	5,6	1,4	7,0

Tab. 11: Unfallraten der einzelnen Fallbeispiele – Fahrbahnführung

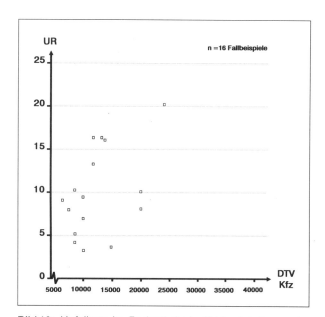

Bild 19: Unfallrate im Radverkehr in Abhängigkeit von der Kfz-Verkehrsbelastung – Fahrbahnführung

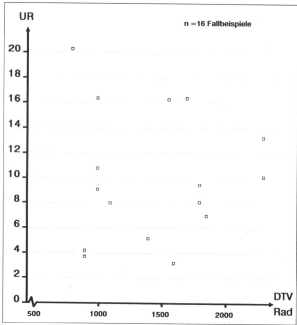

Bild 20: Unfallrate im Radverkehr in Abhängigkeit von der Radverkehrsbelastung – Fahrbahnführung

Hauptstraße in Köln). Straßen mit niedrigen streckenbezogenen Unfallraten – so die Römerstraße und die Sternenburgstraße in Bonn – stammen demgegenüber eher aus dem Bereich der durch einen geringeren Belebtheitsgrad und eine geringere Nutzungsvielfalt gekennzeichneten Straßen.

Setzt man nun die ermittelten Unfallraten in Beziehung zu den jeweiligen Belastungen des Kfz-Verkehrs (siehe Bild 19), so ergeben sich mit steigenden Kfz-Verkehrsbelastungen von der Tendenz her leicht höhere Unfallraten. Insgesamt ergibt sich jedoch – betrachtet man z. B. den Belastungsbereich zwischen 9000 und 15 000 Kraftfahrzeugen pro Tag – ein sehr breites Streuen der Werte, das auf andere Abhängigkeiten schließen läßt. Nahezu ohne Einfluß auf die Unfallraten sind die jeweiligen Radverkehrsbelastungen (siehe Bild 20).

Unfalltypen

Eine typenspezifische Aufgliederung der im Rahmen der Fahrbahnführung registrierten Radfahrerunfälle zeigt (siehe Bild 21), daß es im Bereich der

Strecke vor allem Unfälle mit dem ruhenden Verkehr (Anteilswert: 46,0 %) und im Längsverkehr (Anteilswert: 21,6 %) sind, durch die das Unfallgeschehen geprägt wird. Die Anteilswerte der übrigen Unfalltypengruppen sind dementsprechend gering. Besonders auffällig ist, wie schon bei der Radwegführung, der hohe Anteil der Allein-Unfälle (Typengruppe 100) an den Unfällen mit schwerverletzten Verkehrsteilnehmern (Anteilswert: 50 %).

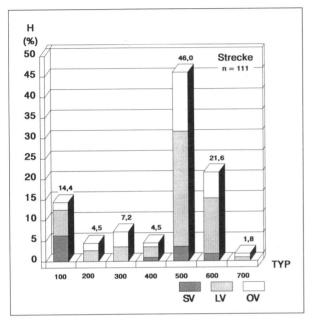

Bild 21: Typenspezifische Aufgliederung der Streckenunfälle – Fahrbahnführung

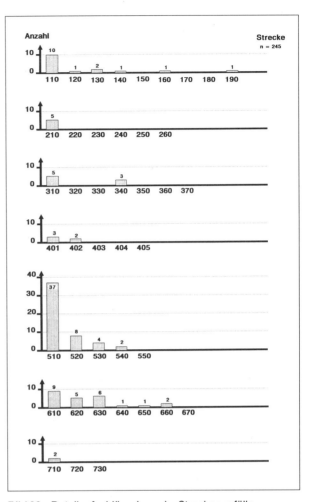

Bild 22: Detailaufschlüsselung der Streckenunfälle – Fahrbahnführung

Eine Aufschlüsselung des Radfahrerunfallgeschehens auf Ebene der Unfalltypenuntergruppen (siehe Bild 22) zeigt, daß es bei den Allein-Unfällen vor allem zu Unfällen in der Untergruppe 110 (Unfall infolge eines Fahrfehlers) gekommen ist. In der Mehrzahl der Fälle sind dies Unfälle, bei denen Radfahrer in die Spurrillen des Straßenbahngleiskörpers gerieten und hierbei zu Fall kamen.

Unfälle in den Typengruppen 200 (Abbiege-Unfälle) und 300 (Einbiegen- / Kreuzen-Unfälle) waren in einem nur geringen Maße zu registrieren. Es überwiegen die Unfälle zwischen Radfahrern in Längsrichtung und ein- bzw. abbiegenden Kraftfahrzeugen (Untergruppen 210 und 310). Recht gering ist auch die Zahl der in Zusammenhang mit dem Fußgängerverkehr aufgetretenen Unfälle (Typengruppe 400).

Eindeutiger Schwerpunkt der im Rahmen der Fahrbahnführung aufgetretenen Radfahrerstreckenunfälle sind die Unfälle mit dem ruhenden Verkehr (Typengruppe 500). In 73 % der Fälle stehen diese Unfälle in Zusammenhang mit dem unachtsamen Öffnen einer Wagentür (Untergruppe 510). Der Großteil dieser Unfälle ist der Unfallkonstellation 511 (Fahrertür eines parkenden Fahrzeuges), einige weitere Unfälle der Konstellation 513 (Tür eines in zweiter Reihe / im Stau haltenden Fahrzeuges) zuzuordnen. Weitere Unfälle ereigneten sich mit parkenden Fahrzeugen, wobei hier die Unfallkonstellation 523 (Streifen eines ordnungsgemäß abgestellten Fahrzeuges) überwiegt. Nur in einigen wenigen Fällen waren Unfälle mit anhaltenden / einparkenden oder auffahrenden / ausparkenden Kraftfahrzeugen zu registrieren.

Unfälle im Längsverkehr (Typengruppe 600) ereigneten sich vor allem als Unfälle im Parallelverkehr zwischen Radfahrern und Kraftfahrzeugen (Untergruppe 610). Es überwiegt die Konfliktkonstellation 611 (Unfall zwischen einem Radfahrer und einem überholenden Kfz).

Weitere Unfälle sind der Untergruppe 620 in der Konfliktkonstellation 623 (Auffahren des Radfahrers auf ein vorausfahrendes / anhaltendes Kfz) sowie der Untergruppe 630 (Unfälle in Verbindung mit Spurwechsel- / Ausweichvorgängen der Radfahrer) zuzuordnen. Nur in Einzelfällen kam es darüber hinaus zu Unfällen in den übrigen Untergruppen. Kaum vertreten sind Unfälle in der Typengruppe 700.

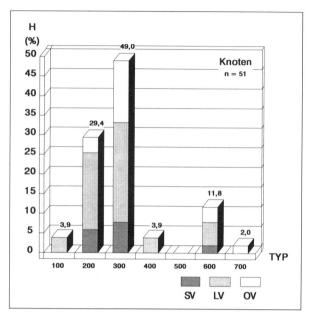

Bild 23: Typenspezifische Aufgliederung der Knotenunfälle – Fahrbahnführung

Im Bereich der Knoten überwiegen erwartungsgemäß die Abbiege-Unfälle (Typengruppe 200) und die Einbiegen- / Kreuzen-Unfälle (Typengruppe 300). 29 % der Knotenunfälle sind der Typengruppe 200, 49 % der Typengruppe 300 zuzuordnen. 12 % der Unfälle ereigneten sich im Längsverkehr (Typengruppe 600). Hinzu kommen einige wenige Unfälle in den übrigen Typengruppen (siehe Bild 23).

Die im Rahmen der Fahrbahnführung registrierten Abbiege-Unfälle ereigneten sich überwiegend zwischen Radfahrern im Längsverkehr und (links-) abbiegenden Kraftfahrzeugen (Konfliktkonstellation 213). In einigen weiteren Fällen kam es zu Unfällen zwischen (links-) abbiegenden Radfahrern und nachfolgenden Kraftfahrzeugen (Untergruppe 230).

Die der Typengruppe 300 zuzuordnenden Unfälle ereigneten sich in gleichem Maße als Unfälle zwischen Radfahrern in Längsrichtung und einbiegenden (Untergruppe 310) bzw. kreuzenden Kraftfahrzeugen (Untergruppe 320) und als Unfälle zwischen einbiegenden / kreuzenden Kraftfahrzeugen und querenden Radfahrern (Untergruppen 330 und 340). Einige wenige Unfälle im Längsverkehr zwischen Radfahrern und Kraftfahrzeugen (Untergruppe 610) und in den übrigen Typengruppen ergänzen das Unfallkollektiv (siehe Bild 24).

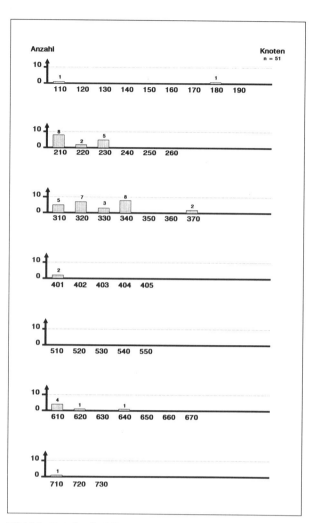

Bild 24: Detailaufschlüsselung der Knotenunfälle – Fahrbahnführung

Situationsspezifische Aufschlüsselungen

In die situationsspezifischen Aufschlüsselungen, mit denen das Ziel verfolgt wird, bauliche und verkehrliche Abhängigkeiten herauszukristallisieren, sollen vorrangig die Straßen mit besonders hohen (streckenbezogenen) Unfallraten einbezogen werden. Es sind dies die Podbielskistraße in Hannover, die Rheinstraße in Krefeld, die Kalker Hauptstraße und die Zülpicher Straße in Köln sowie der Bonner Talweg in Bonn.

Die fünf genannten Straßen sind durch eine unterschiedliche Anzahl und Breite der Fahrstreifen gekennzeichnet (siehe Tabelle 3), die verkehrlichen Belastungen differieren. Gemeinsam ist allen Straßen eine starke Belegung durch den ruhenden Verkehr, die sich deutlich im Unfallgeschehen dieser Straßen widerspiegelt. So überwiegen auf diesen Straßen die Unfälle mit dem ruhenden Verkehr, wobei es sich hier größtenteils – wie dies schon bei der typenspezifischen Aufschlüsselung des Unfallgeschehens deutlich wurde – um Unfälle handelt, die auf ein unachtsames Öffnen der Fahrertür zurückzuführen sind. Weitere Unfälle ereigneten sich auf allen fünf Straßen im Längsverkehr, dies vor allem zwischen Radfahrern und überholenden Kraftfahrzeugen.

Die weitere Unfalltypencharakteristik der fünf durch besonders hohe Unfallraten gekennzeichneten Straßen ist abhängig von den jeweiligen örtlichen Besonderheiten. So weist die vom Kfz-Verkehr besonders stark frequentierte und als wichtige Ausfallstraße fungierende Podbielskistraße in Hannover einige im Gehwegbereich zu registrierende Ab- bzw. Einbiege-Unfälle auf, die durch hier fahrende Radfahrer mitverursacht werden. Auf der Zülpicher Straße in Köln kommt es zu einigen Radfahrerunfällen mit querenden Fußgängern. Unfälle dieser Art sind auf der Kalker Hauptstraße, die eine besonders dichte Folge an gesicherten Querungsmöglichkeiten bietet, trotz des hohen Querungsbedarfs demgegenüber nicht zu registrieren.

Als besonders konfliktträchtig für Radfahrer erweisen sich nach den vorliegenden Unfallzahlen im Bereich der Fahrbahn liegende Straßenbahnschienen. So kommt es auf allen Straßen, bei denen die Straßenbahn im Fahrbahnquerschnitt geführt wird (Zülpicher Straße, Rheinstraße, Bonner Talweg), zu einer Reihe von Allein-Unfällen durch im Bereich der Schienen zu Fall geratene Radfahrer.

Das Unfallgeschehen der übrigen im Rahmen der Fahrbahnführung des Radverkehrs untersuchten Straßen ist mit einer ähnlichen Charakteristik wie die schon behandelten Straßen gekennzeichnet durch Unfälle mit dem ruhenden Verkehr, Unfälle im Längsverkehr sowie durch einzelne Unfälle in den weiteren Unfalltypenkategorien. Fahrbahnbreitenbezogene oder anderweitige Abhängigkeiten sind aus dem nur begrenzten Unfallkollektiv dieser Straßen wegen der Vielschichtigkeit der wirkenden Einflüsse nicht herauszukristallisieren.

5.5 Führung auf Radfahrstreifen

In die Unfallanalysen zur Radfahrstreifenführung konnten aus dem Kollektiv der Untersuchungsstädte im ganzen sechs Fallbeispiele einbezogen werden. Mit insgesamt 25 Unfallereignissen ist die Zahl der in Zusammenhang mit der Radfahrstreifenführung registrierten Radfahrerunfälle sehr gering, so daß die nachfolgenden Auswertungen nur grobe Anhaltswerte liefern können. Auf zusammenfassende Darstellungen muß wegen des geringen Stichprobenumfanges verzichtet werden.

Tabelle 12 gibt die Zahl der bei den einzelnen Fallbeispielen aufgetretenen Radfahrerunfälle wieder. Es wird deutlich, daß es auf den untersuchten Straßen mit Ausnahme der Hausdorffstraße in Bonn nur vereinzelt zu Radfahrerunfällen gekommen ist.

Hinsichtlich der Unfallfolgen ergeben sich die schon bei der Radweg- und Fahrbahnführung festgestellten anteilsmäßigen Aufteilungen. Unfallgegner waren in nahezu allen Fällen die Pkw-Fahrer. In der leicht überwiegenden Zahl der Fälle waren diese auch die Unfallverursacher.

Der geringen Zahl der bei den einzelnen Fallbeispielen registrierten Radfahrerunfälle entsprechend fallen auch die ermittelten Unfalldichtewerte recht niedrig aus. Im einzelnen sind die folgenden strecken- und knotenbezogenen Werte zu verzeichnen:

UD^{ST} = 1,35 U / km * a
UD^{K} = 0,90 U / km * a
UD_{GES} = 2,25 U / km * a

Straße	Typ	Anzahl der Unfälle								ΣΣ
		Strecke				Knoten				
		OV	LV	SV	Σ	OV	LV	SV	Σ	
Fliethstr. (MG)	I 2C	0	2	1	3	1	0	0	1	4
B.-Allee/Wittelsb'ring (BN)	II 2C	0	0	2	2	0	0	0	0	2
Leonberger Str. (SIN)	II 2C	0	1	1	2	0	1	0	1	3
Hausdorffstr. (BN)	II 3C	3	4	0	7	1	2	0	3	10
Konstantinstr. (BN)	II 3C	0	0	0	0	0	2	0	2	2
Endenicher Allee (BN)	III 1C	0	1	0	1	2	1	0	3	4
Gesamt	Rf	3	8	4	15	4	6	0	10	25

Tab. 12: Fallbeispielbezogene Aufschlüsselung der Unfälle mit Radfahrerbeteiligung – Radfahrstreifenführung

Straße	Typ	UR_V^{ST}	UR_V^K	UR^{ST}	UR^K	UR
Fliethstr. (MG)	I 2C	5,1	0,0	5,1	1,7	6,8
B.-Allee/Wittelsb'ring (BN)	II 2C	2,0	0,0	2,0	0,0	2,0
Leonberger Str. (SIN)	II 2C	3,1	1,5	3,1	1,5	4,6
Hausdorffstr. (BN)	II 3C	5,1	2,6	9,0	3,9	12,9
Konstantinstr. (BN)	II 3C	0,0	5,2	0,0	5,2	5,2
Endenicher Allee (BN)	III 1C	0,6	0,6	0,6	1,8	2,4

Tab. 13: Unfallraten der einzelnen Fallbeispiele – Radfahrstreifenführung

Bezieht man als relativierende Größe die jeweilige Radverkehrsbelastung mit ein, so ergeben sich die in Tabelle 13 aufgelisteten Unfallraten. Mit Ausnahme der Hausdorffstraße liegen die ermittelten Unfallraten unter den Vergleichswerten der übrigen untersuchten Führungsvarianten.

Eine typenspezifische Aufschlüsselung der aufgetretenen Radfahrerunfälle ergibt jeweils einzelne Unfälle in den Typengruppen 100 bis 600, wobei die Typengruppe 500 (Unfälle mit dem ruhenden Verkehr) zahlenmäßig noch am stärksten vertreten ist. Es sind dies Unfälle mit parkenden Fahrzeugen (Streifen eines abgestellten Fahrzeuges) sowie Unfälle, die mit dem unachtsamen Öffnen von Wagentüren in Verbindung stehen.

Unfälle dieser Art sind auch auf der unfallmäßig etwas stärker belasteten Hausdorffstraße in Bonn zu registrieren. Darüber hinaus kam es auf dieser Straße im Bereich der Strecke und im Bereich der Knoten zu einigen Abbiege-Unfällen. Im Bereich der Knoten wurden diese Unfälle durch Radfahrer verursacht, die zum Linksabbiegen in angrenzende Seitenstraßen plötzlich und unachtsam den Radfahrstreifen verließen und dabei mit nachfolgenden Kraftfahrzeugen kollidierten.

5.6 Zusammenfassung

Abschnitt 5 enthält getrennt für die Führungsvarianten Radweg, Fahrbahn und Radfahrstreifen die Ergebnisse der durchgeführten Unfallanalysen. Im Rahmen dieser Analysen wurden die Sicherheitsdefizite der einzelnen Führungsvarianten verdeutlicht. Durch eine kleinteilige Aufschlüsselung des Radfahrerunfallgeschehens auf situationsbezogener Basis wurde versucht, anlagebezogene Sicherheitscharakteristiken und daraus resultierende Führungsnotwendigkeiten herauszukristallisieren.

Die Unfallanalysen verdeutlichen und bestätigen, daß das Unfallgeschehen von einer Vielzahl baulicher, verkehrlicher, betrieblicher und umfeldbezogener Einflußfaktoren in Verknüpfung mit verhaltensspezifischen und zufallsbedingten Faktoren bestimmt wird. Um die Aussagekraft der erzielten Ergebnisse weiter erhöhen und entsprechende Relativierungen vornehmen zu können, sind über die einbezogenen Merkmale hinaus weitere situationsbezogene Kenngrößen zu erheben, wie sie für einen Teil der Fallbeispiele im Rahmen der durchzuführenden Verkehrsverhaltensbeobachtungen gewonnen werden sollen. Es wird daher für zweckmäßig gehalten, die vergleichende Interpretation und Bewertung der Unfallanalyseergebnisse unter Einbeziehung der Ergebnisse der Verkehrsverhaltensbeobachtungen vorzunehmen. Dies soll in Abschnitt 7 im Rahmen einer zusammenfassenden Betrachtung sämtlicher Analyseergebnisse geschehen.

6 Ergebnisse der Verkehrsverhaltensbeobachtungen

6.1 Methodisches Vorgehen

Einen weiteren Kernpunkt im Rahmen der durchzuführenden Analysen bilden neben den Unfallanalysen die Verkehrsverhaltensbeobachtungen. Mit Hilfe der Verkehrsverhaltensbeobachtungen sollen auf situationsbezogener Basis sich aus den Verkehrsanlagemerkmalen ableitende Gefährdungen und Sicherheitsrisiken deutlich gemacht und gegenübergestellt werden. Im Rahmen der zu behandelnden Aufgabenstellung gilt es hierbei, sowohl die Wirkungen der einzelnen Anlage- und Führungstypen auf den Radverkehrsablauf als auch die Einflüsse auf den Kfz- und den Fußgängerverkehr mit den entsprechenden Wechselwirkungen herauszukristallisieren. Darüber hinaus sollen mit den Verkehrsverhaltensbeobachtungen für einen Teil der insgesamt einbezogenen Fallbeispiele weitere Relativierungsgrößen zur Beurteilung des registrierten Unfallgeschehens gewonnen werden.

Um eine aussagekräftige vergleichende Gegenüberstellung und Bewertung der Sicherheitscharakteristiken der einzelnen Anlage- und Führungstypen mit der Ableitung entsprechender Einsatz- und Ausgestaltungshinweise vornehmen zu können, ist die Einbeziehung eines breiten Spektrums an Kenngrößen des Verkehrsablaufes und des Interaktionsgeschehens erforderlich. Im Rahmen der Erhebungen sollen dementsprechend die folgenden Merkmals- und Beurteilungsgrößen erfaßt werden:

– kleinräumige Wegewahl der Radfahrer; Akzeptanz und Respektierung der Radverkehrsanlagen

Es soll festgestellt werden, in welchem Maße die für den Radverkehr vorgesehenen Wege von diesem angenommen werden und welche Ursachen – soweit dies nachvollziehbar ist – evtl. zu einer Nichtannahme führen. Anlagenbezogene, belastungsspezifische und teilnehmerstrukturelle Abhängigkeiten sind herauszuarbeiten. Gleichzeitig ist festzustellen, ob und inwieweit vorhandene Radverkehrsanlagen von den übrigen Verkehrsteilnehmern (Kraftfahrer, Fußgänger) respektiert werden.

– Querschnittsbelegungsverhalten der Radfahrer

Während mit der „Wegewahl der Radfahrer" im wesentlichen eine Aussage über die Annahme oder Nichtannahme vorhandener Radverkehrsanlagen getroffen wird, wird mit der „Querschnittsbelegung" das kleinräumige Positionsverhalten im Querschnitt eines Radweges oder der Fahrbahn beschrieben. Aus der Analyse des Querschnittsbelegungsverhaltens sollen Rückschlüsse gezogen werden auf die im Sinne der Sicherheits- und Komfortwirksamkeit jeweils notwendigen Breitengebungen und Abgrenzungen von Radweg und Fahrbahn.

– Geschwindigkeiten des Rad- und des Kfz-Verkehrs

Die in den Beobachtungsräumen der Verkehrsverhaltensbeobachtungen zu registrierenden Geschwindigkeiten stellen eine grundlegende Größe zur Beurteilung der jeweiligen anlagespezifischen Sicherheitsbedingungen dar. Im Rahmen der Erhebungen sind sowohl die Geschwindigkeiten des Kfz-Verkehrs als auch die des Radverkehrs zu erfassen.

– Interaktionsvorgänge

Ein weiterer Untersuchungsschwerpunkt gilt den Interaktionen des Verkehrsgeschehens. Unter einer Interaktion wird hierbei eine Situation verstanden, bei der sich Verkehrsteilnehmer im Raum-Zeit-Kontinuum einer Verkehrsanlage derart nähern, daß eine Abstimmung ihres Bewegungsverhaltens erforderlich ist. Im Rahmen der Verkehrsverhaltensbeobachtungen sollen sämtliche in den ausgewählten Beobachtungsfeldern aufgetretenen Radfahrerinteraktionen erfaßt und unter den Aspekten Sicherheit und Komfort des Verkehrsablaufes bewertet werden. Besondere Bedeutung kommt hierbei der Herauskristallisation der Stör- und Beeinträchtigungsfälle des Verkehrsgeschehens zu, wie sie in Form von kritischen Situationen oder von Behinderungen zu registrieren sind.

Eine „kritische Situation (KS)" wird hierbei definiert als eine beobachtbare Gefahrensituation, bei der Verkehrsteilnehmer im Raum-Zeit-Kontinuum einer Verkehrsanlage derart in räumlich-zeitliche Nähe geraten, daß eine erhöhte Kollisionsgefahr gegeben ist. Nach der vorliegenden Definition ist eine kritische Situation angezeigt durch das Nichteinhalten ausreichender räumlich-zeitlicher Abstände – wie sie bei einem „normalen" ordnungsgemäßen Verkehrsablauf gegeben sind – und/oder durch nicht angemessene Reaktionen.

Zur genaueren Charakterisierung der kritischen Situationen wird wie folgt zwischen zwei Schwerestufen unterschieden:

* Kritische Situation der Schwerestufe I (KS I)

Brems- und/oder Ausweichmanöver schwächerer bis mittlerer Intensität zur Vermeidung einer Kollision; Grad der räumlichen Nähe entsprechend dem nachfolgenden Diagramm (Bild 25)

* Kritische Situation der Schwerestufe II (KS II)

Brems- und/oder Ausweichmanöver stärkerer Intensität zur Vermeidung einer Kollision; Grad der räumlichen Nähe entsprechend dem Diagramm (Bild 25)

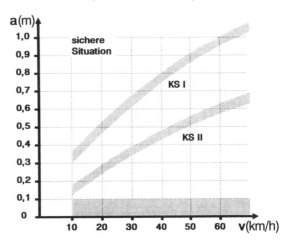

a = Nettoseitenabstand zwischen einem Radfahrer und einem interagierenden Kraftfahrzeug/Verkehrsteilnehmer
v = situative Geschwindigkeit des interagierenden Kraftfahrzeuges/Verkehrsteilnehmers

Bild 25: Diagramm zur Einstufung der kritischen Situationen nach Schweregraden für Interaktionen im Parallelverkehr

Um die Charakterisierung und Einstufung der registrierten Radfahrerinteraktionen auf möglichst objektiver Basis vornehmen zu können, wird die Einbeziehung einer Reihe von quantitativ zu fixierender verkehrsablauf- und interaktionsbezogener Merkmalsgrößen angestrebt. Im Rahmen der Verkehrsverhaltensbeobachtungen werden so erfaßt:

– interaktionsbezogene Querschnittsbelegungen von Radfahrern und Kraftfahrzeugen bei Überholvorgängen und daraus resultierende (Seiten-) Abstände; Interaktionsgeschwindigkeiten des Kfz-Verkehrs

– Querschnittsbelegungen und Geschwindigkeiten bei weiteren Interaktionskonstellationen im Bereich der Fahrbahn („Mitschwimmen" der Radfahrer im Kfz-Strom; zeitweiliges oder dauerndes „Dahinterbleiben" der Kraftfahrzeuge; Stausituationen)

– Querschnittsbelegungen bei „reinen" Radfahrerinteraktionen im Bereich der Radwege; Ausweichvorgänge und Mitinanspruchnahme benachbarter Bereiche durch Fußgänger und Radfahrer

– Abstimmungsverhalten und Anpassungsbereitschaft bei Interaktionen; regelwidriges Verkehrsverhalten

Als weitere das Interaktionsgeschehen kennzeichnende Größen sollen die während des Fahrtablaufes aufgetretenen Beeinträchtigungen und Behinderungen des Radverkehrs mit in die Beurteilungen einbezogen werden. Für das zu behandelnde Themenfeld erweist es sich dabei als zweckmäßig, mit zwei Beeinträchtigungsstufen zu operieren. Es sind dies:

* Behinderungen der Schwerestufe I (B I)
leichte bis mittelstarke Behinderungen der Radfahrer (ohne Gefährdungsbezug) gekennzeichnet durch deutlich ausgeprägte Ausweichmanöver sowie Geschwindigkeitsreduzierungen

* Behinderungen der Schwerestufe II (B II)
stärkere Behinderungen (ohne Gefährdungsbezug) gekennzeichnet durch ein Anhalten bzw. Absteigen der Radfahrer

Über die aufgeführten Beurteilungsgrößen hinaus sind im Rahmen der Verkehrsverhaltensbeobachtungen weitere – als verkehrliche Rahmengrößen bezeichnete – Parameter zu erfassen, die als Bezugs- und Relativierungsgrößen dienen sollen. Im einzelnen sind dies:

– Anzahl der Radfahrer (Einzelradfahrer/Radfahrergruppen)

– Verkehrsbelastungen des Kfz-Verkehrs; Frequentierung durch den Fußgängerverkehr

– Anzahl und Art der Vorgänge des ruhenden Verkehrs

– Anzahl der Fußgängerquerungsvorgänge

– Anzahl der Ein- und Abbiegevorgänge im Bereich von Grundstückszufahrten

Die Registrierung sämtlicher Beurteilungs- und Bezugsgrößen erfolgt mit Hilfe der Video-Technik, wobei den Betrachtungen jeweils 50-m-Abschnitte (allgemeine verkehrliche Rahmengrößen wie z. B. die Anzahl der Parkwechselvorgänge) bzw. Abschnitte von 25 m (Interaktionen; Querschnittsbelegungs- und Abstandswerte) zugrundegelegt werden. Pro Untersuchungsfallbeispiel ist jeweils eine Untersuchungsdauer von sechs Stunden vorgesehen.

Vor Durchführung der eigentlichen Hauptuntersuchungen wurde der vorgesehene Untersuchungs- und Bewertungsansatz in vorgezogenen Tests auf seine Praktikabilität und Aussagekraft hin überprüft. Zur Schaffung eines weitgehend einheitlichen Bewertungsansatzes erfolgte dies gemeinsam mit den Auftragnehmern des BASt-Projektes „Sicherung von Radfahrern an städtischen Knotenpunkten", wobei entsprechende Konkretisierungen vorgenommen wurden.

Für einen Teil der in die Unfallanalysen einbezogenen und nicht im Rahmen der Verkehrsverhaltensbeobachtungen behandelten Fallbeispiele erwies es sich als erforderlich, Ergänzungszählungen zur Ermittlung der Radverkehrsbelastungen durchzuführen. Im Rahmen dieser Ergänzungszählungen wurden neben den Belastungszahlen des Radverkehrs auch weitere verkehrliche Rahmengrößen (Zahl der Fußgängerquerungsvorgänge; Zahl der Halte-, Lade- und Parkvorgänge) sowie Kennwerte des Akzeptanzverhaltens erfaßt. Die Behandlung der hierzu erzielten Ergebnisse erfolgt gemeinsam mit den Ergebnissen der Verkehrsverhaltensbeobachtungen.

Die nachfolgenden Abschnitte enthalten eine Zusammenstellung der wesentlichen erzielten Untersuchungsergebnisse. Wie schon bei den Unfallanalysen werden die Radwegführung und die Fahr- bahnführung des Radverkehrs getrennt behandelt. Verkehrsverhaltensbeobachtungen zur Führung des Radverkehrs auf Radfahrstreifen wurden dem festgelegten Arbeitsprogramm entsprechend nicht durchgeführt, da Erhebungen dieser Art bereits in ausführlicher Form im Rahmen des BASt-Projektes „Sichere Gestaltung markierter Wege für Radfahrer" erfolgt sind.

6.2 Radwegführung

Die zur anspruchsgerechten Radfahrerführung notwendigen Breitengebungen und Ausgestaltungsformen von baulichen Radwegen sind bekannt und bewährt und in den entsprechenden Planungsleitwerken fixiert. Für den Bereich der besonders intensiv und vielfältig genutzten Straßen mit beengten Verhältnissen und einem hohen Nutzungsdruck stellt sich jedoch die Frage, ob auch von diesen Regelwerten abweichende Breitengebungen angewendet werden können, ohne die Sicherheits- und Komfortinteressen von Radfahrern und benachbarten Straßennutzergruppen stärker zu beeinträchtigen.

Mit den im Rahmen des Projektes zur Radwegführung durchzuführenden Verkehrsverhaltensbeobachtungen sollen Hinweise zur Klärung dieser Fragestellung gewonnen werden. Aus dem Kollektiv der bei den Unfallanalysen behandelten Straßen werden daher schwerpunktmäßig einbezogen

- Straßen mit intensiver und vielfältiger Nutzung (Geschäftsstraßen)
- Straßen mit hohen Radverkehrsbelastungen
- Straßen mit eher geringen Radwegbreiten

Wegen des insgesamt begrenzten Untersuchungskollektivs und des zweiten notwendigen Untersuchungsschwerpunktes im Bereich der Fahrbahnführung muß die Zahl der in die Verkehrsverhaltensbeobachtungen einbezogenen Straßen mit Radwegführung des Radverkehrs auf einige wenige Fallbeispiele beschränkt bleiben. Folgende Straßen konnten hierbei Berücksichtigung finden:

- Düsseldorfer Straße (DU; Typ: I 1 A)
- Hammer Straße (MS; Typ: II 1 A)
- Wolbecker Straße (MS; Typ: II 1 A)
- Uerdinger Straße (KR; Typ: II 1 A)
- Venloer Straße (K; Typ: II 1 A)
- Bödekerstraße (H; Typ: II 2 B)

Die Radwegbreiten der sechs in die Verkehrsverhaltensbeobachtungen einbezogenen Fallbeispiele liegen in einem Bereich zwischen 1,6 m und 0,9 m. Eine Breite von 1,6 m weist unter diesen Fallbeispielen der ohne Trennstreifen angelegte Radweg der Düsseldorfer Straße in Duisburg auf. 1,4 m breit sind die Radwege auf der Uerdinger Straße in Krefeld. In Teilabschnitten die gleiche Breite besitzen die Radwege auf der Hammer Straße in Münster – dies bei überaus hohen Radverkehrsbelastungen und direkt angrenzendem Längsparken ohne trennenden Sicherheitsstreifen. In weiteren Teilabschnitten besitzen die Radwege der Hammer Straße eine Breite von nur 1,1 m – hier allerdings ausgestattet mit einem 0,4 m breiten Trennstreifen zu den parkenden Fahrzeugen hin. Die Radwegbreiten der restlichen drei Fallbeispiele (Wolbecker Straße; Venloer Straße; Bödekerstraße) liegen im Bereich von 1,0 m bei Trennstreifenbreiten zwischen 0,4 m und 1,7 m.

Ergänzungszählungen zur Feststellung der Radverkehrsbelastungen wurden notwendig für die

- Waller Heerstraße (HB; Typ: I 2 A)
- Kornstraße (HB, Typ: II 2 B)
- Humboldtstraße (HB; Typ: II 1 C)
- Geiststraße (MS; Typ: II 2 C)
- Am Hulsberg/Am Schwarzen Meer (HB; Typ: III 2 B)

Im Rahmen dieser Ergänzungszählungen wurden gleichzeitig die Annahmequoten der Radwege festgestellt, so daß für insgesamt 11 Fallbeispiele Aussagen zum Akzeptanzverhalten der Radfahrer getroffen werden können.

Akzeptanzverhalten der Radfahrer

Ein erster Betrachtungspunkt gilt dem Akzeptanzverhalten der Radfahrer. Bezogen auf 50-m-Abschnitte wurde für die einzelnen Fallbeispiele mit Hilfe von Video-Betrachtungen (Düsseldorfer Straße; Hammer Straße; Wolbecker Straße; Uerdinger Straße; Venloer Straße; Bödekerstraße) oder von Direkt-Beobachtungen (Waller Heerstraße; Kornstraße; Humboldtstraße; Geiststraße; Am Hulsberg) ermittelt, in welchem Maße die vorhandenen beidseitigen Radwege von den Radfahrern angenommen werden. Es wird hierbei unterschieden zwischen:

- Radwegbenutzung in vorgeschriebener Fahrtrichtung (Bezeichnung: Radweg rechts)
- Radwegbenutzung in entgegengerichteter Fahrtrichtung (Bezeichnung: Radweg links)
- Gehwegbenutzung in vorgeschriebener Fahrtrichtung (Bezeichnung: Gehweg rechts)
- Gehwegbenutzung in entgegengerichteter Fahrtrichtung (Bezeichnung: Gehweg links)
- Fahrbahnbenutzung

Um der Kategorie „Radwegbenutzung" zugeordnet zu werden, darf der Radweg von den Radfahrern innerhalb des jeweils festgesetzten 50-m-Beobachtungsbereiches nicht verlassen werden.

Tabelle 14 enthält eine fallbeispielbezogene Aufschlüsselung der jeweils ermittelten Akzeptanzwerte. Berücksichtigung finden im Rahmen dieser Aufschlüsselung sämtliche durchfahrenden Radfahrer, die innerhalb der 50-m-Bereiche oder der direkt angrenzenden Straßenabschnitte keinen Quell- oder Zielpunkt ihrer Fahrt haben. (Der Anteil des Quell- und Zielverkehrs am durchgängigen Radverkehr liegt bei den einzelnen Fallbeispielen – bezogen auf den 50-m-Bereich – zwischen 1 % und 10 %). Die Akzeptanzwerte von Fallbeispielen mit mehreren Meßstandorten sind in Tabelle 14 getrennt ausgewiesen.

Insgesamt konnten 10.273 Radfahrer in die Akzeptanzuntersuchung einbezogen werden, hiervon 5.295 im Rahmen von Video-Aufzeichnungen, die weiteren 4.978 Radfahrer mit Hilfe von Direkt-Beobachtungen.

Tabelle 14 macht deutlich, daß die Mehrzahl der untersuchten Fallbeispiele stündliche Richtungsbelastungen von etwa 60 bis hin zu 100 Radfahrern aufweist. Einzelne einbezogene Straßen – so die Düsseldorfer Straße, die Wolbecker Straße, die Humboldtstraße sowie vor allem die Hammer Straße – sind deutlich stärker vom Radverkehr frequentiert.

Die höchsten Akzeptanzquoten weist die mit rd. 300 Radfahrern pro Stunde und Richtung vom Radverkehr überaus stark frequentierte Hammer Straße in Münster auf – dies trotz eines nur 1,50 m breiten Radweges mit direkt angrenzendem Fahrbahnlängsparken. 97,9 % (Meßstandort I) bzw. 99,2 % (Meßstandort II) benutzten hier den Radweg korrekt und in vorgeschriebener Fahrtrichtung. Die Anteile der im Gehwegbereich fahrenden Radfahrer liegt auf der Hammer Straße mit Werten von 1,3 % bzw. 0,3 % (beide Fahrtrichtungen zusammengefaßt) entsprechend niedrig, wobei sich die Trennung von Rad- und Gehweg durch einen baumbestandenen Seitenstreifen akzeptanzfördernd auswirken dürfte.

Über dem Durchschnitt liegende Akzeptanzquoten weisen mit Werten von rd. 94 % auch die Wolbekker Straße in Münster sowie die Uerdinger Straße in Krefeld auf. Hinzu kommen weitere 2 bis 3 % an Radfahrern, die die Radwege entgegen der vorgeschriebenen Fahrtrichtung benutzten.

Straße		n	$\frac{R}{h * Ri}$	Radweg		Gehweg		Fahrbahn in %
				rechts in %	links in %	rechts in %	links in %	
Düsseldorfer Str. (DU)	I	410	126	84,9	10,5	1,9	2,7	0,0
Düsseldorfer Str. (DU)	II	386	140	74,6	20,7	0,3	3,9	0,5
Hammer Str. (MS)	I	889	296	97,9	0,2	0,3	1,0	0,6
Hammer Str. (MS)	II	943	314	99,2	0,2	0,2	0,1	0,3
Wolbecker Str. (MS)	I	596	199	93,6	1,9	0,5	0,5	3,5
Wolbecker Str. (MS)	II	440	147	94,3	2,0	2,7	0,5	0,5
Uerdinger Str. (KR)	I	277	92	93,5	2,2	3,6	0,7	0,0
Uerdinger Str. (KR)	II	262	87	93,9	3,0	2,3	0,4	0,4
Venloer Str. (K)		577	96	84,4	6,2	2,8	1,7	4,9
Bödekerstr. (H)	I	221	74	82,4	7,2	6,3	2,7	1,4
Bödekerstr. (H)	II	294	98	81,6	6,8	4,8	5,4	1,4
Waller Heerstr. (HB)		956	80	84,5	7,5	4,8	1,6	1,6
Kornstr. (HB)		770	64	84,9	12,3	0,7	1,7	0,4
Humboldtstr. (HB)		1728	144	88,7	8,5	1,7	0,6	0,5
Geiststr. (MS)		767	64	83,3	1,4	11,6	3,0	0,7
Am Hulsb./Schw. Meer (HB)		757	63	81,8	7,6	6,1	3,3	1,2

n = Anzahl der durchfahrenden Radfahrer (ohne Quell- oder Zielverkehr)

Tab. 14: Annahme der Radwege

Auch bei den weiteren Fallbeispielen liegen die festgestellten Akzeptanzquoten überraschend hoch. So befuhren 82 % (Bödekerstraße) bis 89 % (Humboldtstraße) der Radfahrer die Radwege jeweils in vorgeschriebener Fahrtrichtung. Weitere 1,4 % (Geiststraße) bis hin zu 12,3 % (Kornstraße) benutzten die Radwege darüber hinaus in der entgegengesetzten Richtung. Lediglich auf einem Teilabschnitt der Düsseldorfer Straße in Krefeld war mit einem Wert von 74,6 % eine niedrigere Akzeptanzquote (Radfahrer in vorgeschriebener Fahrtrichtung) festzustellen. Hinzuzurechnen ist auf dieser Straße ein Anteilswert von 20,7 % an Radfahrern, die entgegengerichtet fuhren. Mitverursacht wird dieser überdurchschnittlich hohe Wert durch den hohen Separierungsgrad (hohe Kfz-Verkehrsbelastungen; Stadtbahn in Mittellage) der Düsseldorfer Straße.

Den hohen Akzeptanzquoten der Radwege entsprechend waren auf der Fahrbahn fahrende Radfahrer nur in wenigen Fällen zu registrieren. Lediglich auf einem Teilabschnitt der Wolbecker Straße sowie auf der Venloer Straße ergibt sich mit Anteilswerten von 3,5 % und von 4,9 % eine etwas stärkere Fahrbahnbenutzung, die in erster Linie auf einen hohen Nutzungsdruck im Rad-/Gehwegbereich (Engpaßsituation auf der Wolbecker Straße im Vorfeld des Untersuchungsraumes; starke und in den Radwegbereich hinein strahlende Belegung der Gehwege auf der Venloer Straße) sowie auf teilnehmerstrukturelle Faktoren (Venloer Straße) zurückzuführen sein dürfte.

Eine Zusammenfassung der Akzeptanzwerte auf Basis der 16 Meßstandorte verdeutlicht noch einmal die durchweg hohe Annahme der Radwege. Im Mittel waren es 87,7 % der beobachteten Radfahrer, die die Radwege in der vorgeschriebenen Richtung befuhren. Weitere 6,1 % der Radfahrer benutzten die Radwege in entgegengesetzter Richtung, so daß sich insgesamt eine Akzeptanzquote von 93,8 % ergibt. 5,1 % der Radfahrer befuhren in den Beobachtungsbereichen die Gehwege, hiervon mehr als ein Drittel in entgegengesetzter Richtung. Mit einem Durchschnittswert von 1,1 % ist der Anteil der auf der Fahrbahn fahrenden Radfahrer äußerst gering.

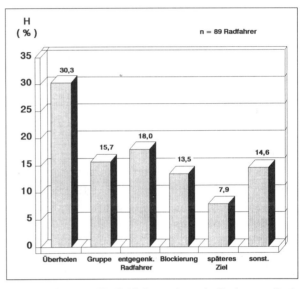

Bild 27: Ursachen für die Nichtannahme der Radwege – Radfahrer im Gehwegbereich (vorgeschriebene Richtung)

Für das Teilkollektiv der im Gehwegbereich und hier in vorgeschriebener Richtung fahrenden Radfahrer wurde in einem ergänzenden Untersuchungspunkt versucht, die Ursachen für die Nichtannahme der Radwege ausfindig zu machen. Einbezogen in diese Untersuchungen wurden alle im Rahmen von Videoaufzeichnungen erfaßten Radfahrer (siehe Bild 27).

Bild 27 macht deutlich, daß in rd. 30 % der beobachteten Nicht-Akzeptanzfälle Radfahrer die Radwege verließen und im Gehwegbereich fuhren, um andere Radfahrer zu überholen. In rd. 16 % der Fälle führten Fahrten in Radfahrergruppen zu einer Nichtannahme der Radwege. Entgegenkommende Radfahrer bewirkten in 18 % der Fälle ein Verlassen der Radwege. (In der Regel waren es bei Begegnungsfällen dieser Art jedoch die entgegenkommenden Radfahrer, die die Radwege verließen).

Blockierungen der Radwege durch parkende Fahrzeuge, abgestellte Gegenstände oder Fußgänger

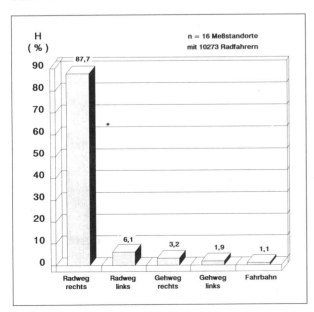

Bild 26: Annahme der Radwege

zum Beispiel waren bei den herangezogenen Fallbeispielen nur in Ausnahmefällen zu registrieren, so daß hierin nur in rd. 13 % der Fälle die Ursache für die Nichtannahme der Radwege liegt. In weiteren 8 % der Fälle verließen Radfahrer sehr frühzeitig die Radwege, um ein späteres Ziel zu erreichen. Bei den restlichen 15 % sind die Gründe für das Fahren im Gehwegbereich nicht nachvollziehbar.

Aufgrund der außerordentlich hohen Annahme der Radwege und der hieraus resultierenden geringen Zahl an Radfahrern, die im Gehwegbereich oder auf der Fahrbahn fuhren, sind anlagenspezifische, teilnehmerstrukturelle oder belastungsbezogene Abhängigkeiten hinsichtlich der Nicht-Akzeptanz der Radwege nicht zu registrieren. Die vorausgegangenen Abbildungen beschränken sich so auf die Darstellung aggregierter Werte.

Querschnittsbelegungsverhalten der Radfahrer

Mit Hilfe der Querschnittsbelegung wird im Rahmen der durchzuführenden Untersuchungen die kleinräumige Positionswahl im Querschnitt eines Radweges beschrieben. Bezugsgröße ist die jeweilige Querschnittsposition des Hinterrades eines Fahrrades beim Passieren des Beobachtungsquerschnitts. Die Querschnittsbelegung verdeutlicht die jeweilige Flächeninanspruchnahme im Bereich der Radwege und liefert Anhaltswerte hinsichtlich einer anspruchsgerechten Breitenbemessung sowohl für die Radwege als auch für die angrenzenden Elemente.

In die Aufschlüsselungen zur Querschnittsbelegung auf Radwegen wurden 11 Beobachtungsquerschnitte mit insgesamt 2100 Radfahrern einbezogen. Die erzielten Ergebnisse sind in den Bildern 28 bis 31 wiedergegeben. Aufgetragen ist in den Häufigkeitsdarstellungen der jeweilige Abstand eines Fahrrades zu einer Bezugsachse, deren genaue Lage aus den beigefügten Querschnittsskizzen abgelesen werden kann. Die Größe $\bar{x}$ stellt den jeweiligen mittleren Abstand zur Bezugslinie dar, s kennzeichnet als Standardabweichung die jeweilige Streuung der Werte.

In der Mehrzahl der Fälle wurden die ausgewählten Fallbeispiele – das betrifft die Beobachtungsquerschnitte auf der Düsseldorfer, der Uerdinger, der Bödeker- sowie der Venloer Straße – nur von einzeln fahrenden Radfahrern frequentiert, so daß die Darstellungen und die hieraus abzuleitenden Aussagen auf dieses Teilkollektiv beschränkt bleiben müssen. Auf der Hammer sowie auf der Wolbecker Straße in Münster war es aufgrund der hohen Radverkehrsbelastungen hingegen möglich, neben den einzeln fahrenden Radfahrern auch Radfahrergruppen in statistisch ausreichender Anzahl zu erfassen.

Zusammenfassend haben die durchgeführten Verkehrsverhaltensbeobachtungen zur Querschnittsbelegung die folgenden Ergebnisse:

– Der Großteil der beobachteten Einzelradfahrer bewegt sich bei den Fallbeispielen mit Radwegbreiten von 1,60 m (Düsseldorfer Straße) und 1,40 m (Uerdinger Straße) innerhalb eines etwa 60 cm breiten – zwischen 60 cm und 120 cm von der Bezugslinie (linker Radwegrand) liegenden – Bewegungsbandes. Auf der Düsseldorfer Straße in Duisburg liegt der entsprechende Anteilswert bei beiden Beobachtungsquerschnitten bei 88 %, auf der Uerdinger Straße in Krefeld sogar bei jeweils 96 %.

– Auf beiden Straßen wird das Querschnittsbelegungsverhalten der Radfahrer deutlich erkennbar beeinflußt durch die Belegungssituation der

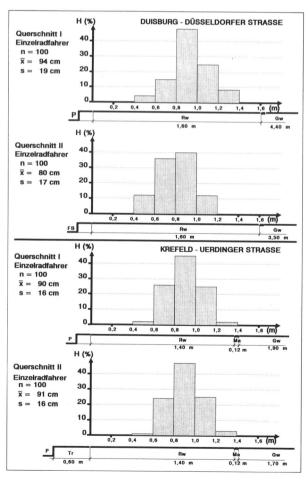

Bild 28: Querschnittsbelegungsverhalten von Radfahrern auf Radwegen – Fallbeispiele Düsseldorfer Straße und Uerdinger Straße

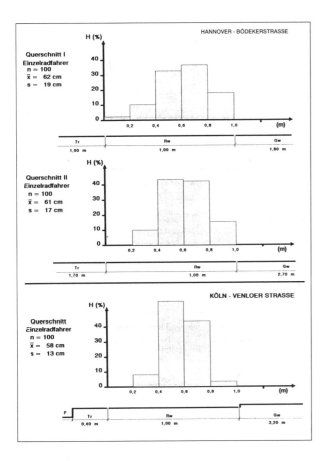

Bild 29: Querschnittsbelegungsverhalten von Radfahrern auf Radwegen – Fallbeispiele Bödekerstraße und Venloer Straße

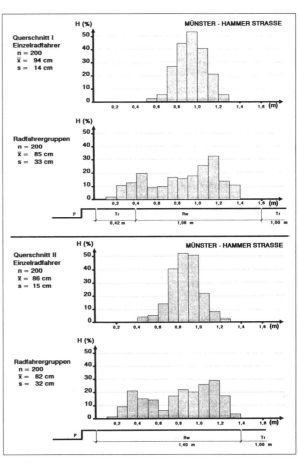

Bild 30: Querschnittsbelegungsverhalten von Radfahrern auf Radwegen – Fallbeispiel Hammer Straße

jeweils an den Radweg angrenzenden Querschnittselemente. Wird direkt neben dem Radweg (Längsparkstreifen oder Fahrbahnparken) geparkt, so wird von nahezu allen einzeln fahrenden Radfahrern ein Mindest-Nettoabstand (Bezugsgröße linke Außenbegrenzung Radfahrer) von rd. 50 cm nicht unterschritten. Nur geringfügig geringer sind die Mindestabstände zum Gehweg hin, falls dieser stark von Fußgängern frequentiert wird (siehe Fallbeispiel Düsseldorfer Straße; Querschnitt II) und der Radweg selbst eine ausreichende Bewegungsfläche bietet. Ist der Nutzungsdruck im Gehwegbereich geringer – wie dies trotz der geringen Gehwegbreiten auf der Uerdinger Straße der Fall ist –, so wird der rechte Radwegrand von den Radfahrern etwas stärker belegt.

– Auch bei den Fallbeispielen mit einer Radwegbreite von 1,0 m (Bödekerstraße; Venloer Straße) ist ein Einfluß der Belegungssituation der Gehwege erkennbar. So wird der Radwegquerschnitt der vom Fußgängerverkehr nur mittelstark frequentierten Bödekerstraße über die Breite gesehen gleichmäßiger beansprucht als der der Venloer Straße, wo sich 90 % der Radfahrer – eingeengt durch das angrenzende Parken sowie durch den starken Fußgängerverkehr – innerhalb eines nur 40 cm breiten Bewegungsbandes fortbewegen. Der Mindest-Nettoseitenabstand zu den parkenden Fahrzeugen beträgt auch auf der Venloer Straße bei den meisten Radfahrern wiederum rd. 50 cm.

– Das Fallbeispiel der Hammer Straße in Münster erlaubt die direkte vergleichende Gegenüberstellung der beiden Fallvarianten Radweg mit Trennstreifen (0,42 m + 1,08 m) und Radweg ohne Trennstreifen (1,40 m) bei nahezu gleichen Rahmenverhältnissen. Bild 30 macht deutlich, daß der 0,42 m breite Trennstreifen während der Verkehrsbeobachtungen von einzeln fahrenden Radfahrern nicht überfahren wurde. Die ermittelten Abstandswerte zu den parkenden Fahrzeugen hin liegen so leicht höher als bei der Fallvariante ohne Trennstreifen. Bei Fahrten in der Gruppe, die auf der Hammer Straße in hohem Maße auftreten, wird der sich nur durch eine andere Farbgebung vom eigentlichen Radweg unterscheidende Trennstreifen von rd. 15 % der Rad-

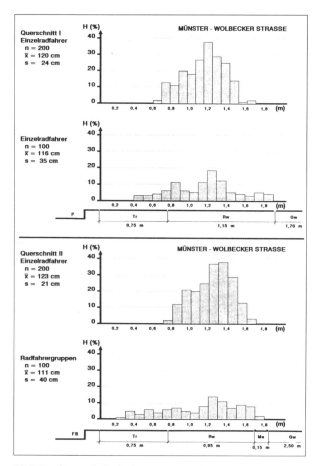

Bild 31: Querschnittsbelegungsverhalten von Radfahrern auf Radwegen – Fallbeispiel Wolbecker Straße

fahrer jedoch mitbefahren, so daß sich hinsichtlich des Querschnittsbelegungsverhaltens kaum ein Unterschied zu der Fallvariante ohne Trennstreifen ergibt. Bei rd. 30 % der in Gruppen fahrenden Radfahrer beträgt der Netto-Seitenabstand zu den parkenden Fahrzeugen hin weniger als 50 cm.

– Von der Tendenz her gleiche Ergebnisse weist die Wolbecker Straße auf. Bei Radwegbreiten von 1,15 m bzw. 0,95 m wurde auch hier der jeweils 0,75 m breite Trennstreifen von einzeln fahrenden Radfahrern nur in Ausnahmefällen befahren. Bei Fahrten in der Gruppe waren es hier jedoch 13 % bzw. 22 % der Radfahrer, die die Trennstreifen mitbenutzten. Die Breite des von den Radfahrergruppen auf der Wolbecker Straße beanspruchten Bewegungsbandes beträgt bei beiden Beobachtungsquerschnitten rd. 1,5 m (Bezugsgröße: Fahrradachse/Hinterrad).

– Die Zahl der in den 25-m-Beobachtungsbereichen registrierten (und auswertbaren) Radfahrerüberholvorgänge ist trotz der hohen Radverkehrsbelastungen mit Werten von 46 (Hammer Straße) und von 17 (Wolbecker Straße) recht gering. Auf der Hammer Straße wurde bei den registrierten Überholvorgängen ein mittlerer Seitenabstand (zwischen den Fahrradachsen) von 88 cm (s = 10 cm) ermittelt, auf der Wolbecker Straße waren es 112 cm (s = 14 cm). Aufgrund des begrenzten Bewegungsspielraumes konnten die auf der Hammer Straße beobachteten Überholvorgänge von den Radfahrern nur mit deutlich verminderter Geschwindigkeit durchgeführt werden.

Geschwindigkeiten des Rad- und des Kfz-Verkehrs

Die Erfassung der Geschwindigkeiten des Rad- und des Kfz-Verkehrs erfolgte mit Hilfe der Video-Technik, um so den Einfluß der wirkenden Störgrößen sowie die jeweilige Einbindungssituation (Einzelfahrer; Pulks) von Radfahrern und Kraftfahrzeugen besser herauskristallisieren zu können. Im Rahmen der Auswertungen wurde der jeweilige Zeitaufwand ermittelt, der zum Passieren eines zuvor auf der Fahrbahn eingemessenen und gekennzeichneten Wegabschnittes benötigt wird. Aus Genauigkeitsgründen war es erforderlich, den Geschwindigkeitsmessungen eine ausreichend lange Wegstrecke – die jeweils mit 20 Metern angesetzt wurde – zugrundezulegen. Bei den nachfolgend aufgeführten Geschwindigkeiten handelt es sich dementsprechend um streckenbezogene Werte.

In den beiden nachfolgenden Tabellen sind die Ergebnisse der durchgeführten Geschwindigkeitsmessungen wiedergegeben. Ausgewiesen sind jeweils die Geschwindigkeitswerte von einzeln fahrenden Kraftfahrzeugen bzw. Radfahrern. Beim Kfz-Verkehr war die Ermittlung der Geschwindigkeiten wegen des schwerpunktmäßig auf den Radverkehr bezogenen Aufnahmestandortes der Kamera nicht an allen Meßstellen möglich, so daß in diesen Fällen pro untersuchter Straße die Untersuchungsergebnisse lediglich eines einzigen Aufnahmestandortes wiedergegeben sind.

Tabelle 15 zeigt, daß die mittleren Geschwindigkeiten der untersuchten freifahrenden Kraftfahrzeuge bei der Mehrzahl der einbezogenen Fallbeispiele im Bereich zwischen 44 und 48 km/h liegen. Die dazugehörigen 85-%-Geschwindigkeiten überschreiten deutlich die zulässige Höchstgeschwindigkeit von 50 km/h. Die entsprechenden Anteilswerte der auf diesen Straßen schneller als 50 km/h fahrenden Kraftfahrzeuge liegen zwischen 22 % und 36 %.

Besonders hohe Kfz-Geschwindigkeiten waren auf der vor allem vom Durchgangsverkehr belasteten Düsseldorfer Straße in Duisburg festzustellen. Die

Straße		n	v̄	V_{85}	V_{max}	Anteil		
						> 40 km/h	> 50 km/h	> 60 km/h
Düsseldorfer Str. (DU)	I	100	55,4	62,1	88	94 %	81 %	32 %
Düsseldorfer Str. (DU)	II	100	51,6	58,5	72	96 %	56 %	10 %
Hammer Str. (MS)	I	100	44,1	53,2	73	64 %	22 %	7 %
Hammer Str. (MS)	II	100	46,9	57,1	70	71 %	30 %	10 %
Wolbecker Str. (MS)	I	100	45,6	59,6	76	68 %	29 %	12 %
Uerdinger Str. (KR)	I	100	45,9	51,4	64	82 %	24 %	2 %
Venloer Str. (K)		200	39,1	45,6	81	29 %	13 %	6 %
Bödekerstr. (H)	I	100	48,1	55,5	69	86 %	36 %	6 %

Tab. 15: Zusammenstellung der Kfz-Geschwindigkeiten

Straße		n	v̄	V_{85}	V_{max}	Anteil	
						> 20 km/h	> 25 km/h
Düsseldorfer Str. (DU)	I	100	16,3	18,9	28	11 %	3 %
Düsseldorfer Str. (DU)	II	100	16,1	19,1	24	12 %	0 %
Hammer Str. (MS)	I	100	18,6	23,1	30	30 %	6 %
Hammer Str. (MS)	II	100	18,1	21,3	28	27 %	2 %
Wolbecker Str. (MS)	I	100	17,3	20,3	26	17 %	2 %
Wolbecker Str. (MS)	II	100	18,0	20,7	27	21 %	1 %
Uerdinger Str. (KR)	I	100	17,9	21,2	26	22 %	4 %
Uerdinger Str. (KR)	II	100	18,9	23,6	31	34 %	9 %
Venloer Str. (K)		200	15,3	18,9	35	10 %	4 %
Bödekerstr. (H)	I	100	18,5	21,7	27	36 %	3 %
Bödekerstr. (H)	II	100	19,6	23,5	33	51 %	13 %

Tab. 16: Zusammenstellung der Radfahrergeschwindigkeiten auf Radwegen

mittleren Geschwindigkeiten liegen hier bei 55,4 bzw. 51,6 km/h, die dazugehörigen 85-%-Geschwindigkeiten im Bereich von 60 km/h.

Auf der mit einer zulässigen Höchstgeschwindigkeit von 30 km/h zu befahrenen Venloer Straße in Köln waren erwartungsgemäß die niedrigsten Kfz-Geschwindigkeiten zu registrieren. Die zulässige Höchstgeschwindigkeit wurde von den Kraftfahrern allerdings nur in geringem Maße beachtet, so daß sich auf dieser Straße eine mittlere Geschwindigkeit v̄ von 39,1 km/h ergibt.

Die beim Radverkehr festgestellten mittleren Geschwindigkeiten liegen in einem Bereich zwischen 15,3 und 19,6 km/h, überwiegend bei rd. 18 km/h. Die Bandbreite der dazugehörigen 85-%-Geschwindigkeiten reicht von 18,9 bis 23,6 km/h. Als Durchschnittswert aller Fallbeispiele ergibt sich eine mittlere Radfahrergeschwindigkeit von 17,7 km/h.

Bei den festgestellten Radfahrergeschwindigkeiten ergeben sich deutliche reisezweckspezifische Abhängigkeiten. So sind die niedrigsten Radfahrergeschwindigkeiten auf denjenigen Straßen zu verzeichnen, die besonders hohe Anteile an quell-/zielbezogenem Einkaufsverkehr aufzuweisen haben, wie dies bei der Düsseldorfer Straße in Duisburg sowie der Venloer Straße in Köln der Fall ist. Die auf der Venloer Straße besonders niedrige Radfahrerdurchschnittsgeschwindigkeit von 15,3 km/h ist zusätzlich zu erklären mit den vielen auf dieser Straße vom Fußgängerverkehr ausgehenden Beeinflussungen und Beeinträchtigungen.

Straßen, die neben dem quell-/zielbezogenen Einkaufsverkehr in stärkerem Maße auch Radfahrerdurchgangsverkehre (Studenten-, Schüler-, Berufspendlerverkehre) aufzunehmen haben, wie z. B. die Hammer Straße und die Wolbecker Straße in Münster, weisen durchschnittliche Radfahrergeschwindigkeiten im Bereich von 18 km/h auf. Die höchsten Radfahrergeschwindigkeiten waren auf der Bödekerstraße zu registrieren, einer Straße, auf der der Radfahrerdurchgangsverkehr dominiert.

Interaktionsvorgänge

Zu den im Rahmen der Untersuchungen besonders wichtigen Beurteilungsgrößen zählen die bei den Radfahrerinteraktionen aufgetretenen Stör- und Beeinträchtigungsfälle in Form von kritischen Situationen oder von Behinderungen. Entsprechend den unter Punkt 6.1 (Methodisches Vorgehen) getroffenen Festlegungen wird bei den als gefährdungsträchtig einzustufenden Verkehrsvorgängen unterschieden zwischen

- kritischen Situationen leichter bis mittelschwerer Art (Schwerestufe I; KS I)

- kritischen Situationen schwerer Art (Schwerestufe II; KS II)

Bei den Stör- und Beeinträchtigungsfällen ohne Gefährdungsbezug wird entsprechend unterschieden zwischen

- Behinderungen leichter bis mittelschwerer Art (Schwerestufe I; B I)

- Behinderungen schwerer Art (Schwerestufe II; B II)

Als weitere Kenngrößen werden die

- Konfliktquote (KQ)

sowie die

- Behinderungsquote (BQ)

eingeführt. Mit diesen beiden Größen soll die Anzahl kritischer Situationen bzw. die Anzahl der Behinderungen pro 100 beobachteter Radfahrer gekennzeichnet werden.

In welchem Maße es an den einzelnen Meßstandorten zu kritischen Situationen gekommen ist, ist aus Tabelle 17 abzulesen. Die getroffenen Angaben beziehen sich hierbei auf einen Beobachtungsbereich mit einer Länge von 25 Metern. Eventuell im Fahrbahnbereich aufgetretene kritische Situationen – das gleiche gilt für die Behinderungen – sind in den nachfolgenden Aufschlüsselungen nicht enthalten, da der Aufnahmebereich der Videokameras schwerpunktmäßig auf die Rad- und Gehwege ausgerichtet war.

In der Gesamtheit der betrachteten Fälle waren hiermit 29 kritische Situationen zu registrieren, wovon 21 der Schwerestufe I und 8 der Schwerestufe II zuzuordnen sind. Bei insgesamt 5226 beobachteten Radfahrern ergibt sich hiermit eine durchschnittliche Quote von 0,55 kritischen Situationen pro 100 Radfahrer.

Die überwiegende Zahl der untersuchten Fallbeispiele weist Konfliktquoten auf, die in etwa im Bereich dieses ermittelten Durchschnittswertes liegen. An einzelnen Meßstandorten – so auf der Bödekerstraße und auf der Düsseldorfer Straße I – waren während der Verkehrsbeobachtungen keinerlei kritische Situationen zu registrieren. Dem stehen einzelne Fallbeispiele (Venloer Straße; Uerdinger Straße II) mit deutlich über dem Durchschnitt liegenden Konfliktquoten gegenüber. Als besonders kritisch erweist sich hierbei die Sicherheitssituation der Radfahrer auf der Venloer Straße. 9 der insgesamt 29 registrierten kritischen Situationen – hiervon vier „Beinahe-Unfälle" (KS II) – ereigneten sich auf dieser Straße.

Eine typenspezifische Aufgliederung des Konfliktgeschehens, die in Anlehnung an den modifizierten 3stelligen Unfalltypenkatalog erfolgt, macht deutlich, daß der Großteil der aufgetretenen Situationen den Typengruppen 400 (Konflikte mit querenden Fußgängern) und 600 (Konflikte im Längsverkehr) zuzuordnen ist. Hinzu kommen einzelne kritische Situationen mit dem ruhenden Verkehr (Typengruppe 500).

Die der Typengruppe 400 zuzuordnenden kritischen Situationen ereigneten sich größtenteils in der Konfliktkonstellation zwischen (in richtiger Richtung fahrenden) Radfahrern und Fußgängern, die vom Fahrbahnrand/Parkstreifen kommend den Radweg kreuzten. In einigen weiteren Fällen waren an den Konflikten Fußgänger beteiligt, die aus Geschäften oder vom Gehweg kommend sich in Richtung Fahrbahn bewegten. Als in dieser Hinsicht konfliktträchtig erwiesen sich vor allem Straßen mit eng bemessenen Trennstreifen-, Geh- und Rad-

Straße		n	KS I	KS II	Σ KS	KQ
Düsseldorfer Str. (DU)	I	410	2	0	28	0,49
Düsseldorfer Str. (DU)	II	384	0	0	24	0,00
Hammer Str. (MS)	I	884	5	0	30	0,57
Hammer Str. (MS)	II	940	4	0	28	0,43
Wolbecker Str. (MS)	I	575	1	2	26	0,52
Wolbecker Str. (MS)	II	438	2	0	27	0,46
Uerdinger Str. (KR)	I	277	0	1	26	0,36
Uerdinger Str. (KR)	II	261	2	1	31	1,15
Venloer Str. (K)		549	5	4	35	1,64
Bödekerstr. (H)	I	218	0	0	27	0,00
Bödekerstr. (H)	II	290	0	0	33	0,00

KQ: Anzahl kritischer Situationen pro 100 Radfahrer

Tab. 17: Zusammenstellung der registrierten kritischen Situationen – Radwegführung

wegbreiten bei einem gleichzeitig hohen Nutzungsdruck durch den Fußgängerverkehr (z. B. die Venloer Straße in Köln).

Den zweiten Schwerpunkt des Konfliktgeschehens bilden die im Längsverkehr aufgetretenen kritischen Situationen (Typengruppe 600). Zu gleichen Teilen kam es hier zu Konflikten zwischen Radfahrern und Fußgängern im Längsverkehr – dies überwiegend bei Ausweichvorgängen von Fußgängern in den Radwegbereich bei stark belegten Gehwegen – sowie zu Konflikten im Parallelverkehr zwischen Radfahrern bei Radfahrerüberholvorgängen.

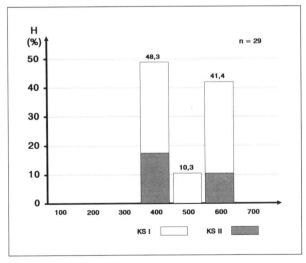

Bild 32: Typenspezifische Aufgliederung der kritischen Situationen – Radwegführung

In wesentlich stärkerem Maße als zu kritischen Situationen kam es bei den untersuchten Fallbeispielen erwartungsgemäß zu Behinderungen der Radverkehrsabläufe. Aus Tabelle 18 ist abzulesen, daß in der Behinderungsstufe I (Behinderungen leichter bis mittelschwerer Art) insgesamt 143 Behinderungssituationen und in der Behinderungsstufe II (Behinderungen schwerer Art) insgesamt 12 Behinderungssituationen zu verzeichnen waren. Bei 5226 beobachteten Radfahrern ergibt sich hiermit eine durchschnittliche Quote von 2,97 Behinderungen pro 100 Radfahrer.

Unter dem Durchschnitt liegende Behinderungsquoten (im Bereich zwischen 1,0 und 2,0 Behinderungen pro 100 Radfahrer im 25-m-Untersuchungsbereich) sind auf all denjenigen Straßen zu verzeichnen, bei denen die Frequentierung durch den Fußgängerverkehr nur mittelstark ist (z. B. Bödekerstraße, Uerdinger Straße I), in etwa ausreichende Breitengebungen von Rad- und Gehwegen vorliegen (z. B. Düsseldorfer Straße) oder Rad- und Gehwege durch Seitenstreifen getrennt sind (z. B. Hammer Straße). Sind diese Bedingungen nicht erfüllt, darüber hinaus starke Fußgängerquerverflechtungen und/oder mangelnde Abschirmungen vor dem ruhenden Verkehr festzustellen, so ergeben sich demgegenüber z. T. außerordentlich hohe Behinderungsquoten, wie dies insbesondere bei der Venloer Straße der Fall ist.

Eine Aufschlüsselung der Behinderungen nach ihrer Art macht deutlich (siehe Bild 33), daß rd. 30 % der registrierten Behinderungssituationen in Zusammenhang stehen mit den Vorgängen des Fußgängerlängsverkehrs. Es sind dies vor allem Fälle, bei denen Fußgänger bei Ausweichvorgängen, teilweise aber auch ohne ersichtlichen Grund, in den

Straße		n	B I	B II	Σ B	BQ
Düsseldorfer Str. (DU)	I	410	5	2	7	1,71
Düsseldorfer Str. (DU)	II	384	7	0	7	1,82
Hammer Str. (MS)	I	884	21	4	25	2,83
Hammer Str. (MS)	II	940	13	3	16	1,70
Wolbecker Str. (MS)	I	575	20	0	20	3,48
Wolbecker Str. (MS)	II	438	7	2	9	2,05
Uerdinger Str. (KR)	I	277	5	0	5	1,81
Uerdinger Str. (KR)	II	261	17	1	18	6,90
Venloer Str. (K)		549	41	0	41	7,47
Bödekerstr. (H)	I	218	4	0	4	1,83
Bödekerstr. (H)	II	290	3	0	3	1,03

BQ: Anzahl der Behinderungen pro 100 Radfahrer

Tab. 18: Zusammenstellung der registrierten Behinderungen – Radwegführung

Bereich der Radwege gerieten oder hier entlangliefen und hierbei den Radverkehr behinderten. Zu Häufungen von Behinderungen dieser Art kommt es auf all denjenigen Straßen, die unzureichende und den Nutzungsanforderungen des Fußgängerverkehrs nicht angepaßte Gehwegbreiten aufzuweisen haben – so Teilabschnitte der Wolbecker Straße, der Uerdinger Straße und der Venloer Straße.

Über die angegebenen Behinderungssituationen im Längsverkehr hinaus kam es zu einer Reihe weiterer Behinderungen, die durch querende Fußgänger (16,1 % der Behinderungsfälle) oder durch auf den Radwegen stehende Fußgänger(gruppen) (5,8 % der Fälle) verursacht wurden. Die in dieser Art registrierten Behinderungen verteilen sich ziemlich gleichmäßig auf die einzelnen Untersuchungsfallbeispiele, ohne daß es zu deutlich ausgeprägten Schwerpunktbildungen kommt.

18,7 % der beobachteten Behinderungen ereigneten sich im Längsverkehr unter alleiniger Beteiligung von Radfahrern. In der überwiegenden Zahl der Fälle waren dies Behinderungen, die durch entgegenkommende (in falscher Richtung fahrende) Radfahrer verursacht wurden. In weiteren Fällen führten in den Radwegbereich einfahrende Radfahrer sowie Vorgänge im Parallelverkehr unter Radfahrern zu Behinderungen. Geschwindigkeitsanpassungen leichter Art, wie sie vor allem auf den vom Radverkehr stärker frequentierten Anlagen (z. B. Hammer Straße) unter Radfahrern erforderlich waren, wurden hierbei nicht zu den Behinderungssituationen gezählt.

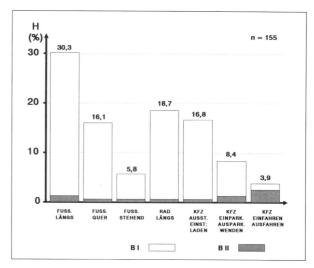

Bild 33: Art der Behinderungen – Radwegführung

Knapp 30 % der beobachteten Behinderungssituationen stehen in Zusammenhang mit den Vorgängen des Kfz-Verkehrs. Überwiegend (16,8 % aller Behinderungsfälle) kam es hierbei zu Behinderungen, die durch aussteigende, einsteigende oder ladende Verkehrsteilnehmer verursacht wurden. Behinderungen dieser Art waren vor allem auf der Hammer Straße und der Venloer Straße zu registrieren – beides Straßen, die durch unzureichend breite oder nicht vorhandene Trennstreifen zwischen Radweg und Parkmöglichkeiten gekennzeichnet sind.

Mit 8,4 % recht gering ist der Anteilswert der durch einparkende, ausparkende oder wendende Kraftfahrzeuge verursachten Behinderungen. Lediglich auf der Venloer Straße in Köln kam es infolge eines mangelnden Manövrierraumes im Bereich der Parkbuchten und einer daraus resultierenden Mitbeanspruchung der Radwege zu Häufungen von Behinderungen dieser Art.

Behinderungen, die auf einfahrende/ausfahrende Kraftfahrzeuge im Bereich von Grundstückszufahrten zurückzuführen sind, waren nur in wenigen Fällen (3,9 % aller Behinderungsfälle) zu verzeichnen. Zu begründen ist dieser niedrige Wert mit der relativ geringen Zahl von Grundstückszufahrten im Bereich der untersuchten Straßen. Behinderungen der definierten Art, die in Zusammenhang stehen mit Blockierungen der Radwege – etwa durch dort verbotswidrig abgestellte Kraftfahrzeuge –, waren während der Verkehrsbeobachtungen nicht zu registrieren.

6.3 Fahrbahnführung

Mit der im Rahmen des Projektes zur Fahrbahnführung durchzuführenden Verkehrsverhaltensbeobachtungen sollen vor allem Hinweise zur Klärung der Frage gewonnen werden, ob und unter welchen Rahmenverhältnissen und Einflußkonstellationen eine Führung des Radverkehrs im Mischverkehr auf der Fahrbahn auch bei höheren Kfz-Verkehrsbelastungen vertreten werden kann. In diesem Zusammenhang stellt sich insbesondere die Frage nach den jeweils zweckmäßigen Fahrbahnbreitengebungen. Der fixierten Zielrichtung entsprechend wurden schwerpunktmäßig einbezogen:

– Straßen mit einem möglichst breiten Spektrum unterschiedlicher Fahrbahn-/Fahrstreifenbreiten bei zweistreifiger Verkehrsführung

– Straßen mit einer intensiven gemischten Nutzung und einer stärkeren Belegung durch den Kfz-Verkehr

Aus dem Kollektiv der bei den Unfallanalysen behandelten Straßen konnten im Rahmen der Verkehrsverhaltensbeobachtungen Berücksichtigung finden:

– Rheinstraße (KR; Typ: II 1 A)

– Kalker Hauptstraße (K; Typ: II 2 A)

– Bonner Talweg (BN; Typ: II 2 B)

– Erzberger Straße (MG; Typ: II 3 B)

– Marktstraße (KR; Typ: III 2 A)

– Dellbrücker Hauptstraße (K; Typ: III 2 A)

– Kölner Straße (LEV; Typ: III 3 A)

Die einbezogenen Straßen weisen – wie dies schon aus Tabelle 3 deutlich wird – größtenteils Fahrstreifenbreiten auf, die im Bereich zwischen 3,0 und 4,0 m liegen. Mit einer Fahrstreifenbreite von 4,0 m (direkt angrenzendes Parken auf Längsparkstreifen; Straßenbahn) ist die Rheinstraße in Krefeld ausgestattet. Eine Fahrstreifenbreite von 3,65 m (bei ebenfalls nahezu durchgängigem Längsparken) weist die vor allem vom Kfz-Verbindungsverkehr geprägte Erzberger Straße in Mönchengladbach auf. Fahrstreifenbreiten von 3,25 m sind auf der Kalker Hauptstraße in Köln (eingegrenzt durch einen stark frequentierten Ladestreifen und eine 25 cm breite Mittelmarkierung) sowie auf dem Bonner Talweg in Bonn (Fahrstreifenbreite der Beobachtungsfahrtrichtung; Straßenbahn) zu registrieren. Eine Fahrstreifenbreite von 3,0 m (durchgängiges angrenzendes Parken in Längsparkbuchten) ist auf der neugestalteten Kölner Straße in Leverkusen vorzufinden.

Auf der Marktstraße in Krefeld reduziert sich die Gesamtfahrbahnbreite von 9,0 m durch beidseitiges einhüftiges Parken auf eine vom fließenden Verkehr zu nutzende Fahrbahnbreite von 7,0 m, so daß für diese Straße eine Fahrstreifenbreite von 3,5 m in Ansatz gebracht werden kann. Auf der Dellbrücker Hauptstraße in Köln wird bei einer Gesamtfahrbahnbreite von 7,0 m einseitig auf der Fahrbahn geparkt, so daß sich für diese Straße eine nutzbare Fahrbahnbreite von 5,0 m und dementsprechend eine Fahrstreifenbreite von 2,5 m ergibt.

Zur Ergänzung des Untersuchungskollektivs wurde mit der Kommener Straße in Euskirchen eine Straße mit einer Fahrstreifenbreite von 3,75 m (beidseitige Längsparkstreifen) in die Verkehrsverhaltensbeobachtungen einbezogen. Während der Verkehrsmessungen war auf dieser Straße eine nur geringe Frequentierung durch den Radverkehr festzustellen. Zur Vergrößerung des Stichprobenumfanges wurden aus diesem Grunde vom Auftragnehmer selbst eine Reihe von Fahrten mit dem Fahrrad durchgeführt und in die Auswertungen einbezogen. Wegen eines möglicherweise differierenden Fahrverhaltens (z. B. hinsichtlich der Querschnittsbelegung) fließen hiervon allerdings nur Teilergebnisse in die zusammenfassenden Betrachtungen ein.

Bei einer weiteren – ebenfalls in die Untersuchungen einbezogenen – Straße, der neugestalteten Frankfurter Straße in Hennef, mußte festgestellt werden, daß ein Großteil der Radfahrer nicht – wie vorgesehen – die Fahrbahn (Fahrstreifenbreite 3,5 m; gepflasterter Mittelstreifen mit einer Breite von 1,0 m) benutzte, sondern sich im Bereich der für den Radverkehr freigegebenen Gehwege fortbewegte – dies trotz eines hier in Teilbereichen sehr hohen Nutzungsdruckes. Die Verkehrsverhaltensbeobachtungen wurden aus diesem Grunde auf den Gehwegbereich ausgerichtet. Die Behandlung der hierzu erzielten Untersuchungsergebnisse erfolgt losgelöst von den übrigen Fallbeispielen.

Geschwindigkeiten des Rad- und des Kfz-Verkehrs

Die Erfassung der Geschwindigkeiten des Rad- und des Kfz-Verkehrs erfolgte in der schon unter Punkt 6.2 (Radwegführung) beschriebenen Form. Ermittelt und zusammengestellt wurden wiederum die Geschwindigkeitswerte von einzeln (frei) fahrenden Kraftfahrzeugen bzw. Radfahrern.

Tabelle 19 macht deutlich, daß die mittleren Geschwindigkeiten der untersuchten freifahrenden Kraftfahrzeuge bei der Mehrzahl der einbezogenen Fallbeispiele im Bereich zwischen 38 und 42 km/h liegen. Es sind dies alles Straßen, die durch eine besonders hohe Nutzungsdichte und -vielfalt gekennzeichnet sind – so die Rheinstraße, die Kalker Hauptstraße, die Marktstraße, die Dellbrücker Hauptstraße und die Kölner Straße. Die zulässige Höchstgeschwindigkeit von 50 km/h wurde auf diesen Straßen von 8 bis 18 % der Kraftfahrzeuge überschritten.

Deutlich höhere Kfz-Geschwindigkeiten mit Geschwindigkeitsmittelwerten im Bereich von 47 km/h wurden auf den im stärkeren Maße vom Kfz-Durchgangsverkehr geprägten Straßen festgestellt – so auf der Erzberger Straße, der Kommener Straße und dem Bonner Talweg. 32 bis 41 % der Kraftfahrzeuge überschritten auf diesen Straßen die zulässige Höchstgeschwindigkeit von 50 km/h.

In der Gesamtheit der betrachteten Fallbeispiele liegt das Geschwindigkeitsniveau der Straßen mit Fahrbahnführung des Radverkehrs um etwa 5 km/h unter dem Geschwindigkeitsniveau der Straßen mit Radwegen.

Die beim Radverkehr festgestellten mittleren Geschwindigkeiten liegen in einem Bereich – wie dies Tabelle 20 verdeutlicht – zwischen 16,6 und 20,1 km/h, die dazugehörigen 85-%-Geschwindigkeiten zwischen 19,7 und 24,5 km/h. Als Durchschnittswert aller Fallbeispiele ergibt sich eine mittlere Radfahrergeschwindigkeit von 18,2 km/h und hiermit ein Wert, der um 0,5 km/h über der für die Radwegführung ermittelten Durchschnittsgeschwindigkeit liegt.

Besonders hohe – im Bereich von 20 km/h liegende – Radfahrerdurchschnittsgeschwindigkeiten waren auf denjenigen Straßen zu verzeichnen, die in stärkeren Maße von Radfahrerdurchgangsverkehren und/oder besonders geübten Radfahrern (z. B. Kalker Hauptstraße) frequentiert werden. Auf der Kölner Straße wird das über dem Durchschnitt liegende Geschwindigkeitsniveau durch eine leichte Gefällesituation verursacht. Niedrigere Radfahrergeschwindigkeiten waren demgegenüber auf denjenigen Straßen zu registrieren, die vor allem vom Einkaufsverkehr (z. B. Dellbrücker Hauptstraße) oder vom Schülerverkehr (z. B. Kommener Straße) belegt werden.

Straße	n	$\bar{v}$	V_{85}	V_{max}	Anteil		
					> 40 km/h	> 50 km/h	> 60 km/h
Rheinstr. (KR)	200	41,4	49,0	58	58 %	14 %	0 %
Kalker Hauptstr. (K)	200	39,3	46,2	69	46 %	8 %	1 %
Bonner Talweg (BN)	200	46,9	57,2	74	83 %	32 %	11 %
Erzberger Str. (MG)	200	47,6	54,5	63	91 %	41 %	3 %
Kommener Str. (EUS)	200	46,6	52,6	68	85 %	37 %	2 %
Marktstr. (KR)	200	41,9	50,3	63	61 %	16 %	1 %
Dellbrücker Hauptstr. (K)	200	38,2	47,9	66	38 %	10 %	1 %
Kölner Str. (LEV)	200	41,8	50,7	67	59 %	18 %	1 %

Tab. 19: Zusammenstellung der Kfz-Geschwindigkeiten

Straße	n	v̄	V_{85}	V_{max}	Anteil	
					> 20 km/h	> 25 km/h
Rheinstr. (KR)	200	19,9	22,7	37	40 %	7 %
Kalker Hauptstr. (K)	200	20,1	24,5	35	44 %	14 %
Bonner Talweg (BN)	200	18,3	21,7	28	25 %	3 %
Erzberger Str. (MG)	100	16,8	20,1	29	15 %	1 %
Kommener Str. (EUS)	50	16,6	19,7	30	15 %	1 %
Marktstr. (KR)	200	17,0	20,7	31	21 %	3 %
Dellbrücker Hauptstr. (K)	200	16,9	20,5	29	18 %	3 %
Kölner Str. (LEV)	100	19,8	23,6	33	48 %	10 %

Tab. 20: Zusammenstellung der Radfahrergeschwindigkeiten

Interaktionsvorgänge

Der Aufschlüsselung des Interaktionsgeschehens soll zunächst eine Übersicht (siehe Bild 34) vorangestellt werden, die verdeutlicht, in welchem Maße die betrachteten Radfahrer an Interaktionen beteiligt waren. Es zeigt sich, daß bei einer Gesamtzahl von 2063 untersuchten Radfahrern (ohne Kommener und Frankfurter Straße) fast genau jeder zweite Radfahrer – bezogen auf einen 25-m-Beobachtungsabschnitt – mindestens eine Interaktion aufzuweisen hat. Zu einem mit 78 % besonders hohen Anteilswert an Fahrten mit Interaktionen kam es auf der Kalker Hauptstraße in Köln. Die entsprechenden Anteilswerte der übrigen Fallbeispiele liegen zwischen 33 % (Rheinstraße) und 54 % (Marktstraße). Bestimmt werden die jeweiligen Anteilswerte durch die Belastungen des fließenden und des ruhenden Verkehrs, die Frequentierung durch den Fußgängerverkehr sowie in wichtigem Maße durch die jeweiligen Eintreffenskonstellationen in den Untersuchungsabschnitten.

Bei einer Gesamtzahl von 1019 Radfahrern mit Interaktion waren insgesamt 1109 Radfahrerinteraktionen zu registrieren. Der Großteil der beobachteten Interaktionen (78 %) ereignete sich mit dem fließenden Verkehr, jeweils 11 % mit dem ruhenden Verkehr sowie mit dem Fußgängerverkehr. Auf fallbeispielbezogener Ebene variieren die Anteilswerte der Interaktionen mit dem fließenden Verkehr in einem Bereich zwischen 63 % (Dellbrücker Hauptstraße) und 96 % (Bonner Talweg).

Um Anhaltswerte zu erhalten über die jeweils zweckmäßigen Fahrbahnbreitengebungen bei ge-

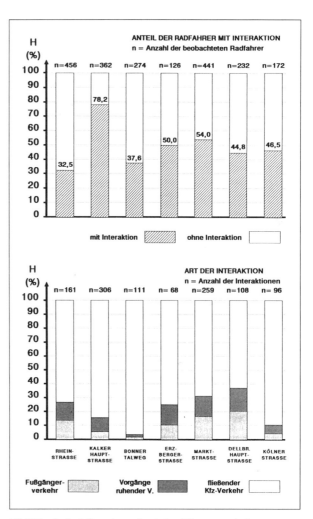

Bild 34: Aufschlüsselung des Interaktionsgeschehens – Fahrbahnführung

meinsamer Benutzung der Fahrbahn durch den Kfz- und den Radverkehr, wurde untersucht, in welchem Maße im Beobachtungsbereich auf Radfahrer treffende Kraftfahrzeuge diese überholen, hinter ihnen blieben oder Radfahrer im Kfz-Strom „mitschwammen". Bild 35 macht deutlich, daß die Anteilswerte der Interaktionsfälle, bei denen es zu einem „Dahinterbleiben" des interagierenden Kraftfahrzeuges oder zu einem „Mitschwimmen" des Radfahrers kam, von Fallbeispiel zu Fallbeispiel deutlich variieren. Berücksichtigung in den Aufschlüsselungen fanden hierbei nur diejenigen Interaktionsfälle, bei denen keine Beeinflussung durch die Vorgänge des ruhenden Verkehrs, den Fußgängerverkehr oder weitere Einflußfaktoren stattgefunden hat.

Von den Straßen mit Kfz-Verkehrsbelastungen zwischen 12 000 und 15 000 Kraftfahrzeugen pro Tag (Rheinstraße, Kalker Hauptstraße, Bonner Talweg, Erzberger Straße) weist die Rheinstraße in Krefeld mit einem Wert von 93 % den höchsten Anteil an überholenden Kraftfahrzeugen auf. Der größte Teil der überholenden Kraftfahrzeuge verblieb hierbei während der Verkehrsbeobachtungen innerhalb des 4,0 m breiten Fahrstreifens. Der mittlere Seitenabstand der überholenden Kraftfahrzeuge zu den Radfahrern hin beträgt 101 cm, die mittlere Interaktionsgeschwindigkeit 35,8 km/h. Dem steht eine mittlere Geschwindigkeit der unbeeinflußt fahrenden Kraftfahrzeuge von 41,4 km/h gegenüber.

Auf der Erzberger Straße in Mönchengladbach liegt der Anteil der überholenden Kraftfahrzeuge bei einer Fahrstreifenbreite von 3,65 m noch bei 70 %. Der mittlere Abstand der überholenden Kraftfahrzeuge zu den Radfahrern hin beträgt hier 98 cm bei einer sehr hohen mittleren Interaktionsgeschwindigkeit von 43,8 km/h. Unbeeinflußt fahrende Kraftfahrzeuge fuhren auf dieser Straße im Mittel 47,6 km/h.

Bei den beiden weiteren Fallbeispielen mit Kfz-Verkehrsbelastungen zwischen 12 000 und 15 000 Kraftfahrzeugen pro Tag kam es infolge der geringeren Fahrstreifenbreiten (Bonner Talweg: 3,2 m; Kalker Hauptstraße: 3,25 m + 0,25 m Mittelmarkierung) in einem wesentlich stärkeren Maße zu einem „Dahinterbleiben" der Kraftfahrzeuge oder zu einem „Mitschwimmen" der Radfahrer. Die Anteilswerte der die Radfahrer bei Interaktionsvorgängen überholenden Kraftfahrzeuge liegen dementsprechend mit Werten von 53 % (Bonner Talweg) und 36 % (Kalker Hauptstraße) recht niedrig. Der mittlere Abstand der überholenden Kraftfahrzeuge zu den Radfahrern hin ist auf beiden Straßen mit Werten von 76 cm (Bonner Talweg) und 79 cm (Kalker Hauptstraße) äußerst gering – dies bei mittleren Interaktionsgeschwindigkeiten von 40,0 km/h (Bonner Talweg) und 34,1 km/h (Kalker Hauptstraße).

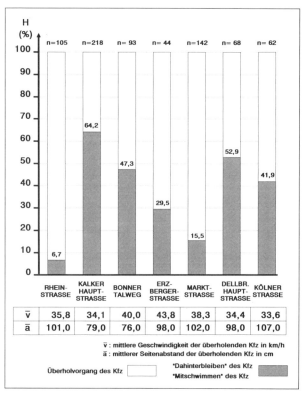

Bild 35: Aufschlüsselung der Interaktionen mit dem fließenden Kfz-Verkehr

Von den drei in Bild 35 dargestellten Straßen mit Kfz-Verkehrsbelastungen im Bereich von 8000 bis 9000 Kraftfahrzeugen pro Tag weist die Marktstraße mit einem Wert von 84 % den höchsten Anteil an überholenden Kraftfahrzeugen auf. Auf der schmaleren Kölner Straße (Fahrstreifenbreite 3,0 m) und der Dellbrücker Hauptstraße (nutzbare Fahrbahnbreite 5,0 m) liegen die entsprechenden Anteile mit Werten von 58 % und 47 % erwartungsgemäß deutlich niedriger. Bei Überholvorgängen wird auf diesen Straßen in vielen Fällen auf den Gegenrichtungsfahrstreifen ausgewichen, so daß die sich einstellenden Abstandswerte trotz der geringeren Fahrstreifen-/Fahrbahnbreiten mit Durchschnittswerten von 98 bis 107 cm relativ hoch sind. Die mittleren Geschwindigkeiten der überholenden Kraftfahrzeuge liegen bei 38 km/h (Marktstraße) bzw. bei 34 km/h (Kölner Straße und Dellbrücker Hauptstraße) und hiermit um 4 km/h (Marktstraße; Dellbrücker Hauptstraße) bzw. 8 km/h (Kölner Straße) unter den Durchschnittsgeschwindigkeiten der interaktionsfrei fahrenden Kraftfahrzeuge.

Eine Detailaufschlüsselung der bei Überholvorgängen zwischen Radfahrern und Kraftfahrzeugen ermittelten Seitenabstände (Maß zwischen den Au-

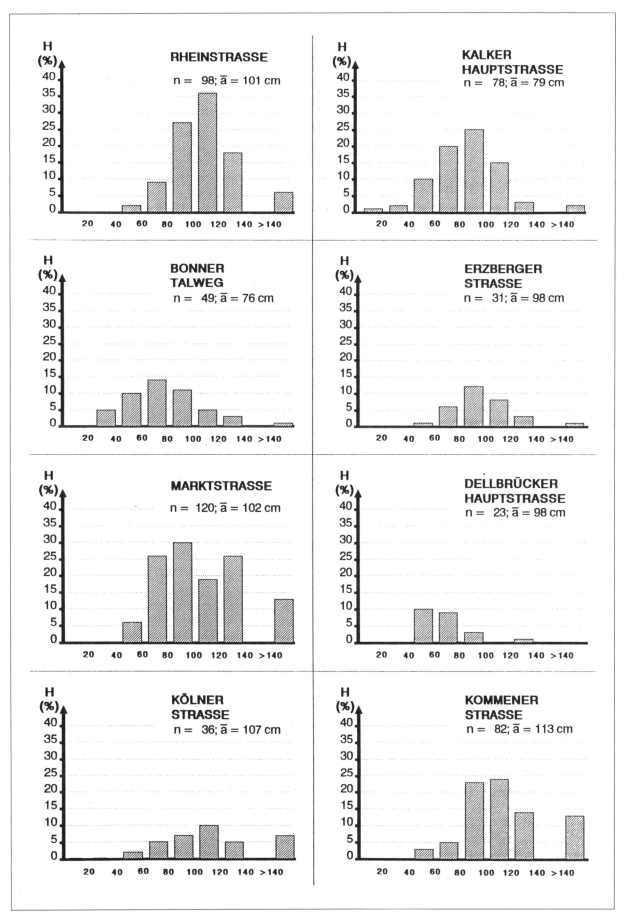

Bild 36: Netto-Seitenabstände zwischen Radfahrern und überholenden Kraftfahrzeugen

Straße	n	KS I	KS II	Σ KS	KQ
Rheinstr. (KR)	456	3	0	3	0,66
Kalker Hauptstr. (K)	362	11	1	12	3,31
Bonner Talweg (BN)	274	7	1	8	2,92
Erzberger Str. (MG)	126	2	0	2	1,59
Marktstr. (KR)	441	6	0	6	1,36
Dellbrücker Hauptstr. (K)	232	3	1	4	1,72
Kölner Str. (LEV)	172	1	0	1	0,58

KQ: Anzahl kritischer Situationen pro 100 Radfahrer

Tab. 21: Zusammenstellung der registrierten kritischen Situationen – Fahrbahnführung

ßenbegrenzungen der Radfahrer und der überholenden Kraftfahrzeuge) ist in Bild 36 wiedergegeben. Es wird deutlich, daß ein großer Teil der registrierten Überholvorgänge mit sehr geringen Seitenabständen erfolgte – dies insbesondere auf der Kalker Hauptstraße und dem Bonner Talweg. In der Gesamtheit der betrachteten Fälle wurde bei einer Zahl von 517 beobachteten Überholvorgängen ein Seitenabstand von 1,0 m von 53 % der überholenden Kraftfahrzeuge unterschritten. Bei 9 % der beobachteten Überholvorgänge betrug der Seitenabstand weniger als 60 cm.

In welchem Maße es an den einzelnen Meßstandorten – bezogen auf 25-m-Beobachtungsabschnitte – zu kritischen Situationen gekommen ist, ist Tabelle 21 zu entnehmen. Es wird ersichtlich, daß von den insgesamt 36 beobachteten kritischen Situationen 33 Fälle der Schwerststufe I (KS I) und drei weitere Fälle der Schwerststufe II (KS II; „Beinaheunfall") zuzuordnen sind. Bei einer Gesamtzahl von 2063 beobachteten Radfahrern ergibt sich hiermit eine durchschnittliche Quote von 1,75 kritischen Situationen pro 100 Radfahrer.

Unter dem Durchschnittswert der Fahrbahnführung liegende Konfliktquoten mit einzelnen kritischen Situationen im Interaktionsfeld mit dem Kfz-Längsverkehr sowie den Vorgängen des ruhenden Verkehrs waren auf der Rheinstraße (KQ: 0,66) und auf der Kölner Straße (KQ: 0,58) zu verzeichnen. In etwa im Durchschnittsbereich liegende Quoten ergaben sich auf der Erzberger Straße (KQ: 1,59; kritische Situationen mit dem Kfz-Längsverkehr), der Marktstraße (KQ: 1,36; kritische Situationen mit dem Kfz-Längsverkehr) sowie auf der Dellbrücker Hauptstraße (KQ: 1,72; kritische Situationen mit dem Kfz-Längsverkehr sowie dem Fußgängerquerverkehr). Zu einer auffällig hohen Zahl an Konflikten und dementsprechend hohen Konfliktquoten kam es auf der Kalker Hauptstraße (KQ: 3,31) sowie auf dem Bonner Talweg (KQ: 2,92). Während auf der Kalker Hauptstraße neben den Konflikten mit dem Kfz-Längsverkehr auch einzelne kritische Situationen mit dem Fußgängerquerverkehr und dem ruhenden Verkehr festzustellen waren, wurde das Radfahrerkonfliktgeschehen auf dem Bonner Talweg allein durch kritische Situationen mit dem Kfz-Längsverkehr bestimmt.

Eine zusammenfassende typenspezifische Aufschlüsselung des gesamten im Rahmen der Fahrbahnführung registrierten Radfahrerkonfliktgeschehens (siehe Bild 37) zeigt, daß sich die festgestellten kritischen Situationen vollständig den nachfolgenden sechs Konfliktuntergruppen zuordnen lassen:

– Untergruppe 401: Kritische Situationen mit querenden Fußgängern

– Untergruppe 510: Kritische Situationen in Zusammenhang mit dem Öffnen einer Wagentür

– Untergruppe 530: Kritische Situationen mit anhaltenden/einparkenden Kraftfahrzeugen

– Untergruppe 610: Kritische Situationen im Parallel-/Begegnungsverkehr zwischen Radfahrern und Kraftfahrzeugen

– Untergruppe 620: Kritische Situationen zwischen vorausfahrenden und nachfolgenden Radfahrern/Kraftfahrzeugen

– Untergruppe 630: Kritische Situationen in Verbindung mit Spurwechsel-/Ausweichvorgängen von Radfahrern

Bild 37 macht deutlich, daß die überwiegende Zahl der festgestellten kritischen Situationen (56 %) der Typenuntergruppe 610 zuzuordnen ist. Es sind dies vor allem Fälle, bei denen Radfahrer von Kraftfahrzeugen mit situationsunangemessenen Abständen/Geschwindigkeiten überholt wurden.

Kritische Situationen der Typengruppe 100, 200, 300 und 700 waren während der Verkehrsverhaltensbeobachtungen nicht zu registrieren. Zum Teil steht dies im Zusammenhang mit der Auswahl der Meßstellen. So waren z. B. stärker frequentierte Grundstückszufahrten, die sich oft als konfliktträchtig erweisen, wegen des andersgelagerten Untersuchungsschwerpunktes in den Untersuchungsbereichen nicht vorhanden.

In welchem Maße es an den einzelnen Meßstandorten – bezogen auf 25-m-Beobachtungsbereiche – zu Behinderungsfällen gekommen ist, ist Tabelle 22 zu entnehmen. Es wird hierbei wiederum unterschieden zwischen Behinderungen der Stufe B I

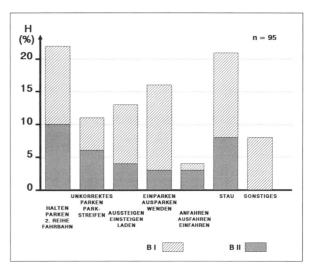

Bild 38: Art der Behinderungen – Fahrbahnführung

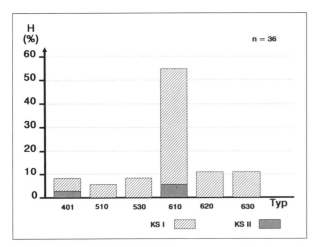

Bild 37: Typenspezifische Aufgliederung der kritischen Situationen – Fahrbahnführung

(Behinderungen leichter bis mittelschwerer Art) sowie Behinderungen der Stufe B II (Behinderungen schwerer Art). Behinderungen der Stufe B I waren nach Tabelle 22 in 61, Behinderungen der Stufe B II in 34 Fällen zu verzeichnen. Bei 2063 beobachteten Radfahrern ergibt sich hiermit eine durchschnittliche Quote von 4,61 Behinderungen pro 100 Radfahrer.

Eine typenspezifische Aufgliederung der beobachteten Behinderungen (siehe Bild 38) zeigt, daß ein Großteil der Behinderungsfälle in Zusammenhang steht mit den Vorgängen des ruhenden Verkehrs. In 23 % der Fälle waren es auf der Fahrbahn (teilweise „in zweiter Reihe") haltende oder parkende Fahrzeuge, die den Radverkehr an einer beeinträchtigungsfreien Fahrt hinderten. Zu Behinderungsfällen dieser Art kam es insbesondere auf der Marktstraße, in Einzelfällen auch auf den übrigen Straßen.

Unkorrektes Parken auf dem Parkstreifen unter teilweiser Mitbeanspruchung der Fahrbahn führte in 12 % der Fälle zu Behinderungen des Radverkehrs. Vorgänge dieser Art waren vor allem auf der Kalker Hauptstraße zu registrieren. Auf dieser Straße kam es darüber hinaus neben einzelnen anderen Behinderungskonstellationen zu einer Reihe von Behinderungen, die in Zusammenhang stehen mit den Stausituationen des Kfz-Verkehrs. Es ergibt sich so für die Kalker Hauptstraße eine sehr hohe Behinderungsquote von fast neun Behinderungen pro 100 beobachteter Radfahrer. Stausituationen des Kfz-Verkehrs führten auch auf der Kölner Straße und auf der Dellbrücker Hauptstraße zu Behinderungen des Radverkehrs.

Straße	n	B I	B II	Σ B	BQ
Rheinstr. (KR)	456	13	3	16	3,51
Kalker Hauptstr. (K)	362	19	13	32	8,84
Bonner Talweg (BN)	274	2	2	4	1,46
Erzberger Str. (MG)	126	3	3	6	4,76
Marktstr. (KR)	441	12	7	19	4,31
Dellbrücker Hauptstr. (K)	232	4	3	7	3,02
Kölner Str. (LEV)	172	8	3	11	6,40

BQ: Anzahl der Behinderungen pro 100 Radfahrer

Tab. 22: Zusammenstellung der registrierten Behinderungen – Fahrbahnführung

Weitere Behinderungsfälle, die zusammengefaßt einen Anteilswert von rund 30 % erreichen, stehen in Zusammenhang mit den Ein- oder Ausparkvorgängen des Kfz-Verkehrs bzw. mit Ein- oder Aussteigevorgängen. Behinderungskonstellationen dieser Art waren bei nahezu allen Fallbeispielen zu verzeichnen. Nur untergeordnete Bedeutung mit einem Anteilswert von lediglich 4 % besitzen demgegenüber die durch ein- bzw. ausfahrende Kraftfahrzeuge verursachten Behinderungen, was auf die geringe Zahl der in den Untersuchungsabschnitten liegenden Grundstückszufahrten zurückzuführen ist.

Als Sonderfall einzustufen ist die Führung des Radverkehrs auf der neugestalteten Frankfurter Straße in Hennef. Vorgesehen ist auf dieser vom Kfz-Verkehr mit rund 14 000 Fahrzeugen pro Tag frequentierten Straße (Fahrstreifenbreite inkl. Rinne: jeweils 3,35 m; 1,00 m breiter gepflasterter Mittelstreifen) die Fahrbahnführung des Radverkehrs. Die Benutzung der Gehwege durch den Radverkehr ist freigegeben.

Während der sechsstündigen Verkehrsbeobachtungen (Zeitbereich: 9.30 – 15.30 Uhr) waren in dem ausgewählten Untersuchungsabschnitt, der durch eine besonders intensive geschäftliche Nutzung und eine dementsprechend starke Belegung der Gehwege (Gehwegbreite auf der beobachteten Straßenseite: rund 3,00 m; nutzbare Breite durch Geschäftsauslagen oder abgestellte Fahrräder z. T. geringer) durch den Fußgängerverkehr gekennzeichnet ist, insgesamt 168 im Gehwegbereich (durch-)fahrende Radfahrer zu registrieren. Hinzu kommen eine Vielzahl von Verkehrsteilnehmern, die ihr Fahrrad schoben, sowie rund 30 Radfahrer, die den Quell- oder Zielpunkt ihrer Fahrt innerhalb des Untersuchungsbereiches hatten.

Von den 168 im Gehwegbereich (durch-)fahrenden Radfahrern fuhren 90 Radfahrer (54 %) in der Beobachtungsrichtung, die restlichen 78 Radfahrer in der entgegengesetzten Richtung. Die Fahrbahn in Beobachtungsrichtung benutzten zur gleichen Zeit 52 Radfahrer. Es ergibt sich hiermit für die Beobachtungsfahrtrichtung ein Anteil von 63 % an Radfahrern, die im Gehwegbereich fuhren.

Aufgrund des hohen Nutzungsdruckes im Bereich der Gehwege kam es zwischen den dort – in der Regel sehr langsam – fahrenden Radfahrern und dem Fußgängerverkehr zu einer Vielzahl von Behinderungssituationen. In einigen Fällen waren an diesen Behinderungssituationen auch verbotswidrig den Gehwegbereich mitbelegende Kraftfahrzeuge beteiligt. In der Gesamtheit der betrachteten Fälle haben die 168 im Gehwegbereich beobachteten Radfahrer 46 Behinderungssituationen aufzuweisen, was einer Behinderungsquote von 27 Behinderungen pro 100 beobachteter Radfahrer entspricht. 32 dieser Behinderungen sind der Behinderungsstufe B I (deutlich ausgeprägte Ausweichmanöver und Geschwindigkeitsreduzierungen), 14 der Behinderungsstufe B II (Anhalten/Absteigen des Radfahrers) zuzuordnen. Auch beim Großteil der restlichen Interaktionsfälle war von seiten der Fußgänger und Radfahrer in einem hohen Maße die Notwendigkeit gegeben, Verhaltensanpassungen vorzunehmen.

Über die beobachteten Behinderungsfälle hinaus kam es im Bereich des untersuchten Gehweges zwischen Fußgängern und Radfahrern zu insgesamt 5 kritischen Situationen (1 KS II; 4 KS I). Bei 168 betrachteten Radfahrern entspricht dies einer Konfliktquote von 3,0 kritischen Situationen pro 100 beobachteter Radfahrer. Die registrierten Konfliktfälle wurden im wesentlichen von Fußgängern verursacht, die nicht mit der Anwesenheit von Radfahrern rechneten.

Generell ist somit festzustellen, daß der untersuchte Gehwegbereich der Frankfurter Straße durch ein hohes Behinderungs- und Gefährdungspotential gekennzeichnet ist. Trotz der zu erwartenden Beeinträchtigungen und Behinderungen wird die sich auf den Fußgängerverkehr als sehr störend auswirkende Gehwegbenutzung unter den Rahmenbedingungen des vorliegenden Fallbeispiels von den Radfahrern jedoch – wie die Belegungsquoten deutlich machen – als die noch am ehesten akzeptable Führungsvariante angesehen. In welchem Maße dies auf konkrete Gefährdungen und Komfortbeeinträchtigungen im Fahrbahnbereich zurückzuführen ist, ist aus den Videoaufzeichnungen – dies bei einer ohnehin geringen Zahl der auf der Fahrbahn fahrenden Radfahrer – nicht ableitbar.

Querschnittsbelegung

Bei den zur Fahrbahnführung vorgenommenen Aufschlüsselungen des Querschnittsbelegungsverhaltens wird unterschieden zwischen dem Verhalten von Radfahrern ohne Interaktion sowie von Radfahrern mit Interaktion. Zur besseren Vergleichbarkeit der Ergebnisse werden nur die – ohnehin das größte Teilkollektiv stellenden – einzeln fahrenden Radfahrer berücksichtigt.

Die Bilder 39 bis 41 zeigen, daß die Querschnittsbelegungswerte der dargestellten Fallbeispiele in einem deutlichen Maße differieren. Während sich bei einem Teil der Fallbeispiele – so z. B. auf der Rhein-

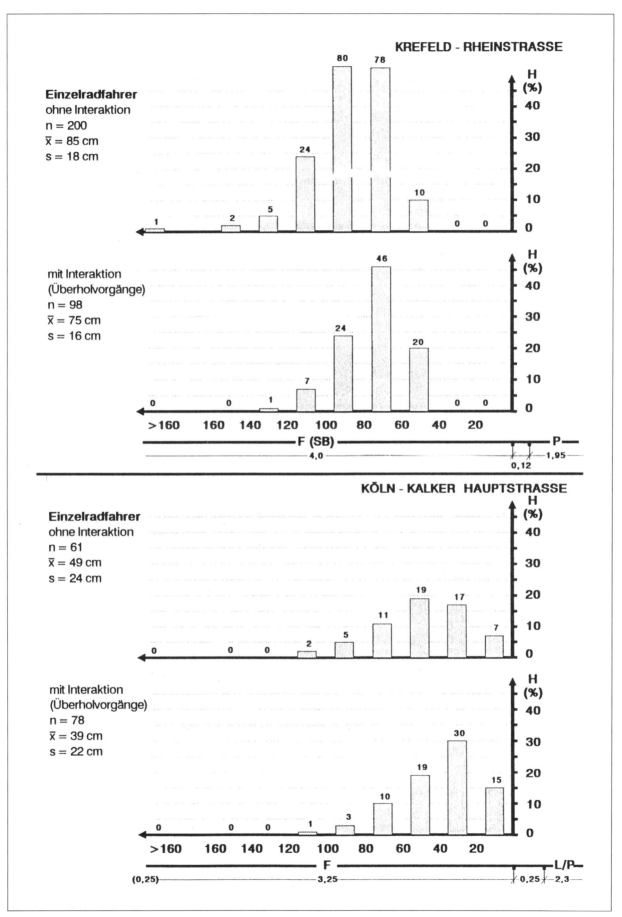

Bild 39: Querschnittsbelegungsverhalten von Radfahrern auf der Fahrbahn – Fallbeispiele Rheinstraße und Kalker Hauptstraße

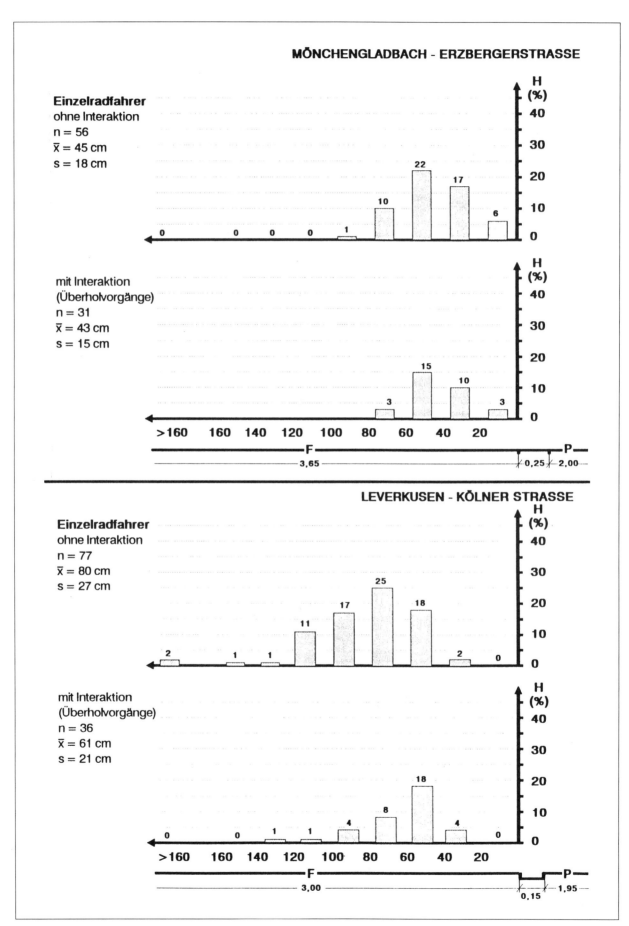

Bild 40: Querschnittsbelegungsverhalten von Radfahrern auf der Fahrbahn – Fallbeispiele Erzberger Straße und Kölner Straße

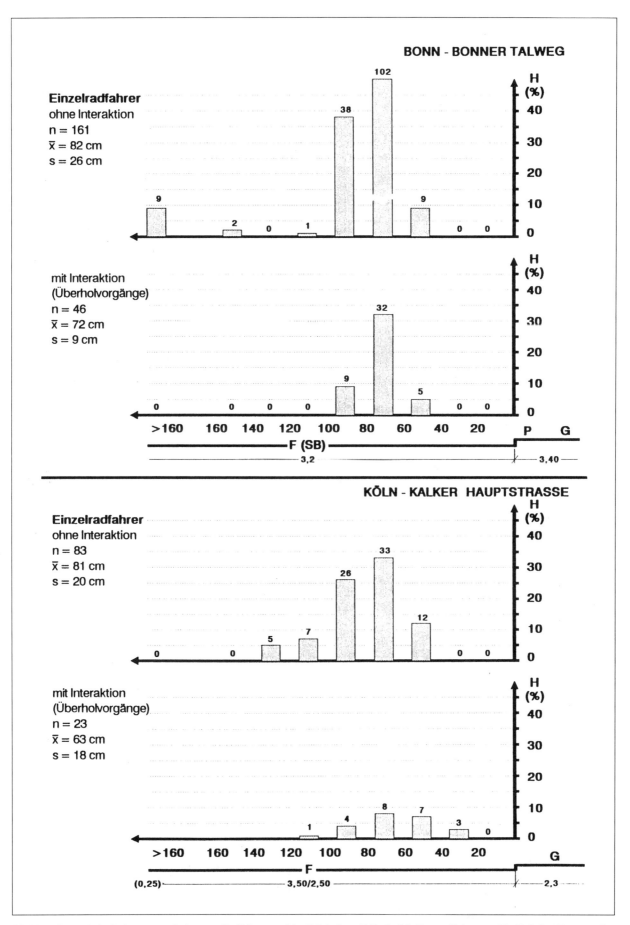

Bild 41: Querschnittsbelegungsverhalten von Radfahrern auf der Fahrbahn – Fallbeispiele Bonner Talweg und Dellbrücker Hauptstraße

straße in Krefeld – eine Bündelung der Radfahrerströme auf relativ engem Raume ergibt, ist bei weiteren Fallbeispielen – so z. B. auf der Kölner Straße in Leverkusen und der Dellbrücker Hauptstraße in Köln – ein breiteres Streuen der Querschnittsbelegungswerte von interaktionsfrei fahrenden Radfahrern festzustellen. Im Interaktionsfall mit Kraftfahrzeugen (Überholvorgängen) fahren Radfahrer in fast allen Fällen weiter rechts, so daß sich die durchschnittlichen Abstandswerte zu den Bezugslinien (Bordstein, Randmarkierung) um rd. 10 cm, in weiteren Fällen um bis zu 20 cm verringern. Das Querschnittsbelegungsverhalten ist Spiegelbild einer Reihe sich überlagernder Einflußgrößen, zu denen insbesondere die Belastungen des Kfz-Verkehrs, die Breiten der Fahrstreifen sowie die Anordnung und das Aufstellverhalten des ruhenden Verkehrs zu zählen sind.

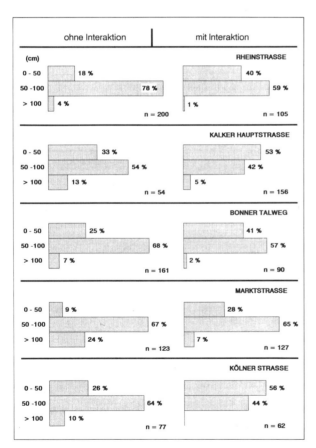

Bild 42: Seitenabstände zwischen Radfahrern und parkenden Fahrzeugen

Aus den Unfallanalysen wurde deutlich, daß Radfahrer durch unachtsam geöffnete Wagentüren in einem besonders hohen Maße gefährdet sind. Aus diesem Grunde wurde in Bild 42 für die stärker vom ruhenden Verkehr belegten Straßen aufgeschlüsselt, mit welchen Seitenabständen Radfahrer an den parkenden Fahrzeugen vorbeifahren. Ausgewiesen sind jeweils die Maße zwischen den Außenbegrenzungen von Radfahrern und den parkenden Fahrzeugen.

Bild 42 macht deutlich, daß schon bei den interaktionsfrei fahrenden Radfahrern relativ hohe Anteilswerte (9 % bis 33 %; im Mittel der Fallbeispiele: 22 %) an Radfahrern festzustellen waren, die im unmittelbaren Umgehungsbereich (0 – 50 cm) der parkenden Fahrzeuge fuhren. Einen Seitenabstand von mehr als 1,0 m hielten im Mittel der Fallbeispiele lediglich 12 % der beobachteten Radfahrer dieses Teilkollektivs.

Noch ungünstigere Seitenabstandswerte ergeben sich für den Fall der Interaktion mit überholenden Kraftfahrzeugen. Im unmittelbaren Umgebungsbereich der parkenden Fahrzeuge fuhren jetzt im Mittel 44 %, lediglich 3 % der beobachteten Radfahrer hielten einen Seitenabstand von mehr als 1,0 m. In der Gesamtheit der betrachteten Fälle ergibt sich hiermit ein äußerst hoher Anteil an Radfahrern, die sich im Gefahrenbereich der parkenden Fahrzeuge fortbewegten.

6.4 Zusammenfassung

Die Ergebnisse der durchgeführten Verkehrsverhaltensbeobachtungen verdeutlichen ergänzend zu den Ergebnissen der Unfallanalysen die im Zusammenhang mit der Radwegführung und der Fahrbahnführung stehenden Sicherheitsrisiken. Gleichzeitig wird Aufschluß gegeben über die sich jeweils einstellenden Behinderungspotentiale. Die zur Querschnittsbelegung und zum Abstandsverhalten erhobenen Daten liefern zusammen mit den übrigen erhobenen Parametern einen wichtigen Anhalt zur zweckmäßigen Dimensionierung der Verkehrsanlagen.

7 Zusammenfassung und Interpretation der Ergebnisse

Untersuchte Fallbeispiele

- Für die durchzuführenden Unfallanalysen und Verkehrsverhaltensbeobachtungen wurden insgesamt 41 Fallbeispiele aus 12 deutschen Städten ausgewählt. 17 Fallbeispiele betreffen die Radwegführung, 18 Fallbeispiele die Fahrbahnführung des Radverkehrs. Mit insgesamt 6 Fallbeispielen besitzen die Untersuchungen zur Radfahrstreifenführung ergänzende Bedeutung.

- Der überwiegende Teil der ausgewählten Fallbeispiele stammt aus dem Feld der durch eine höhere Nutzungsdichte und Nutzungsvielfalt gekennzeichneten Straßen (Geschäftsstraßen oder Straßen mit kombinierter Wohn- und Geschäftsnutzung). Einzelne Fallbeispiele aus dem Bereich der Straßen mit einer geringeren Nutzungsvielfalt ergänzen zur Klärung von Detailfragestellungen dieses Untersuchungskollektiv.

- Das Belastungsspektrum des fließenden Kfz-Verkehrs reicht bei den einbezogenen Straßen von 8000 Kfz pro Tag bis hin zu 40 000 Kfz pro Tag. Der größte Teil der für das Untersuchungskollektiv ausgewählten Straßen weist Belastungen auf, die im Bereich zwischen 10 000 und 20 000 Kraftfahrzeugen liegen.

- Die beim Radverkehr ermittelten Verkehrsbelastungen liegen in einem sehr breiten Spektrum, das von 300 Radfahrern bis hin zu 10 000 Radfahrern pro Tag reicht. Der überwiegende Teil der ausgewählten Fallbeispiele weist querschnittsbezogene 24-Stunden-Belastungen zwischen 1000 und 2000 Radfahrern auf.

- Die Breiten der in die Untersuchungen einbezogenen Radwege liegen mit Werten von größtenteils 1,0 bis 1,6 m (als Folge der vielfältigen Nutzungsansprüche bei den zu behandelnden Straßentypen) im unteren Bereich der als Regelwerte empfohlenen Breitengebungen.

- Der Schwerpunkt der Untersuchungen zur Fahrbahnführung des Radverkehrs liegt bei Fahrbahnen mit insgesamt zweistreifiger Verkehrsführung. Die nutzbaren Fahrstreifenbreiten der untersuchten Fallbeispiele liegen hierbei größtenteils im Bereich zwischen 3,0 und 4,0 m.

Unfallgeschehen

- Die zur Unfallproblematik des Radverkehrs getroffenen Aussagen basieren auf einer Gesamtzahl von 655 analysierten Radfahrerunfällen. 468 Unfälle sind der Radwegführung, 162 der Fahrbahnführung und 25 der Radfahrstreifenführung zuzuordnen.

- Hinsichtlich der bei Radfahrerunfällen jeweils festgestellten schwerwiegendsten Unfallfolgen ergeben sich zwischen den untersuchten Führungsvarianten des Radverkehrs keine nennenswerten Unterschiede. So liegen die Anteilswerte der Unfälle mit schweren Verletzungen als schwerwiegendster Unfallfolge bei jeweils 14 % (Fahrbahnführung und Radwegführung), die dementsprechenden Anteilswerte der Unfälle mit leichten Verletzungen bei 60 % (Radwegführung) bzw. 58 % (Fahrbahnführung). In nahezu allen Fällen sind von diesen Verletzungen (mit Ausnahme eines Teils der Fußgänger-/Radfahrer-Unfälle) die an den Unfällen beteiligten Radfahrer betroffen.

- Der überwiegende Teil der analysierten Radfahrerunfälle wurde von den Unfallgegnern verursacht. Bei der Radwegführung waren es im Bereich der Strecke 56 %, in den Knoten sogar 69 % der polizeilich registrierten Unfälle. Bei einem beträchtlichen Teil der vom Unfallgegner verursachten Unfälle liegt allerdings ein Mitverschulden der beteiligten Radfahrer vor. In der Regel sind dies Radfahrer, die die Radwege in falscher Richtung benutzen. Auch bei der Fahrbahnführung liegt die Unfallverursachung zum überwiegenden Teil beim Unfallgegner des Radfahrers (Strecke: 60 %; Knoten: 55 %).

- Mit einem Anteilswert von 83 % ereignete sich der weitaus größte Teil der bei der Radwegführung registrierten Unfälle auf den Radwegen selbst. 14 % der hier verunglückten Radfahrer fuhren entgegengerichtet der vorgeschriebenen Fahrtrichtung. Recht gering sind dementsprechend die Anteile der auf der Fahrbahn (11 %) oder im Bereich der Gehwege (6 %) verunglückten Radfahrer. Der überwiegende Teil der im Fahrbahnbereich registrierten Radfahrerunfälle ereignete sich bei Querungsvorgängen oder bei einem (plötzlichen) Ausscheren der Radfahrer auf die Fahrbahn, der Rest im Längsverkehr.

- Die durchschnittliche Dichte der bei der Radwegführung registrierten Radfahrerunfälle liegt mit einem Wert von rd. 9 Unfällen pro Kilometer und Jahr sehr hoch. Der ermittelte Wert wird hierbei in gleichem Maße bestimmt durch Streckenunfälle (UD^{ST} = 4,4 U/km * a) und durch Knotenunfälle (UD^K = 4,6 U/km * a). Mit Werten von 0,69 bzw. 0,62 U/km * a weichen die Dichtewerte von Knoten- und von Streckenunfällen mit schwerem Personenschaden kaum voneinander ab.

- Deutlich niedrigere Unfalldichtewerte – die vor allem auf die geringere Unfallbelastung in den Knotenpunkten zurückzuführen sind – ergeben sich bei der Fahrbahnführung des Radverkehrs. Im Bereich der Strecke war hier eine Unfalldichte von 3,8 U/km * a, im Bereich der Knoten von lediglich 1,7 U/km * a zu registrieren. Es ergibt sich hiermit eine Gesamtunfalldichte von 5,5 Unfällen pro Kilometer und Jahr. Die Unfalldichtewerte der Unfälle mit schwerem Personenschaden liegen bei 0,47 (Strecke) und 0,27 (Knoten) U/km * a.

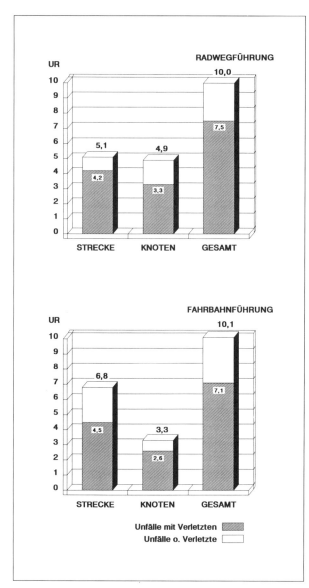

Bild 43: Unfallraten im Vergleich

- Die Aussagekraft von Unfalldichtewerten ist beschränkt, da die jeweilige Verkehrsbelastung als Relativierungsgröße unberücksichtigt bleibt. Eine wesentlich bessere Vergleichsbasis bietet die Unfallrate UR, die in dem hier zu behandelnden Untersuchungsfeld die jeweils auf einem Untersuchungsabschnitt vom Radverkehr geleistete Verkehrsarbeit miteinbezieht. Für die untersuchten Führungsvarianten ergeben sich die in Bild 43 wiedergegebenen Durchschnittswerte. Die für die Radwegführung und für die Fahrbahnführung ermittelten Gesamtunfallraten UR_{GES} liegen hiermit mit Werten von 10,0 und 10,1 U/10^6 * RAD * km auf gleicher Höhe. Klammert man die Unfälle mit einem Sachschaden als schwerster Unfallfolge aus, so ergeben sich für die verbleibenden Unfälle mit Verletzten Unfallraten von 7,5 (Radwegführung) und von 7,1 (Fahrbahnführung) U/ 10^6 * RAD * km. Während das Unfallgeschehen bei der Radwegführung in nahezu gleichem Maße von den Strecken- sowie von den Knotenunfällen bestimmt wird, dominieren bei der Fahrbahnführung die Streckenunfälle. Bei der Wertung der Ergebnisse ist zu berücksichtigen, daß größere und hiermit wahrscheinlich besonders unfallträchtige Knotenpunkte wegen des anders gelagerten Betrachtungsschwerpunktes in dem Untersuchungskollektiv nicht enthalten sind.

- Eine mit dem Wert von 5,7 U/10^6 * RAD * km deutlich niedrigere Unfallrate (Strecke: 3,3 U/10^6 * RAD * km; Knoten: 2,4 U/10^6 * RAD * km) wurde für die sechs aus dem Bereich der Radfahrstreifenführung des Radverkehrs stammenden Fallbeispiele ermittelt. Es ist hierbei zu beachten, daß es sich bei diesen Fallbeispielen um Straßen mit einer relativ geringen Nutzungsvielfalt handelt. Eine mit einem Wert von 2,5 U/10^6 * RAD * km noch niedrigere Gesamtunfallrate weisen diejenigen Hauptverkehrsstraßen mit Radfahrstreifenführung auf, die im Rahmen des BASt-Projektes „Sichere Gestaltung markierter Wege für Fahrradfahrer" [6] untersucht wurden (Datenbasis: 10 Hauptverkehrsstraßen mit Kfz-Verkehrsbelastungen zwischen 9000 und 36 000 Kfz/24 h sowie Radverkehrsbelastungen zwischen 600 und 3600 R/24 h; durchschnittliche Streckenklänge: 1000 m; durchschnittlicher Betrachtungszeitraum: 3,5 Jahre).

- Ein Zusammenhang zwischen den ermittelten Unfallraten und der Stärke des Kfz-Verkehrs ist bei den untersuchten Fallbeispielen der Radwegführung nicht vorhanden. Bei der Fahrbahnführung ergeben sich demgegenüber von der Tendenz her mit steigenden Kfz-Verkehrsbelastungen leicht höhere Unfallraten (siehe Bild 44). Das sehr breite Streuen der Werte läßt jedoch darauf schließen, daß das Unfallgeschehen im wesentlichen von anderen Wirkungsgrößen bestimmt wird.

- Ein Einfluß der Radverkehrsbelastung auf die Unfallrate ist bei den untersuchten Fallbeispielen der Fahrbahnführung nicht zu erkennen. Anders ist dies bei den Fallbeispielen der Radwegführung. Hier weisen gerade diejenigen Straßen – es sind dies im wesentlichen die Fallbeispiele aus der Stadt Münster – die niedrigsten Unfallraten auf, die am stärksten vom Radverkehr frequentiert werden. Dies kann auf rein belastungsbezogene Faktoren, aber auch auf die konfliktmindernde Wirkung eines zwischen Radfahrern und anderen Verkehrsteilnehmern eingespielten Verkehrs- und Interaktionsverhaltens – wie es in „Radfahrerstädten" zu beobachten ist – zurückgeführt werden.

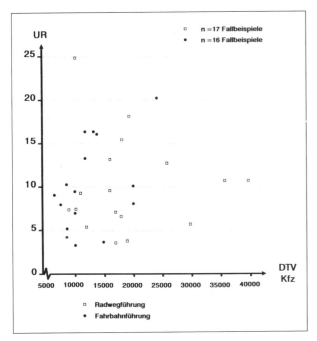

Bild 44: Unfallraten im Radverkehr in Abhängigkeit von der Kfz-Verkehrsbelastung

- Eine typenspezifische Aufgliederung des Radfahrerunfallgeschehens macht deutlich (siehe Bild 45), daß sich die in Zusammenhang mit der Radwegführung registrierten Radfahrer-Streckenunfälle ziemlich gleichmäßig auf die Typengruppen 100 bis 600 aufteilen. Einen besonders hohen Anteil (24,9 %) erreichen die im Längsverkehr unter Radfahrern aufgetretenen Unfälle (Typengruppe 600), gefolgt von den Unfällen mit dem ruhenden Verkehr (Typengruppe 500; 18,8 %) und den Unfällen mit dem Fußgängerquerverkehr (Typengruppe 400; 15,9 %). Allein-Unfälle (Typengruppe 100) erreichen einen Anteilswert von 13,1 %, Abbiege-Unfälle (Typengruppe 200) einen Anteil von 13,9 % sowie Einbiegen-/Kreuzen-Unfälle (Typengruppe 300) einen Wert von 11,8 %. Eine untergeordnete Bedeutung mit einem Anteilswert von 1,6 % besitzen die „Sonstigen Unfälle" (Typengruppe 700). Besonders auffällig ist der hohe Anteil der Allein-Unfälle an den Unfällen mit schwerverletzten Verkehrsteilnehmern (Anteilswert: 40 %).

Es überwiegen bei der Radwegführung im Bereich der Strecke die folgenden Konfliktkonstellationen:

- Allein-Unfälle mit Straßenausstattungsgegenständen (Poller, Lichtmasten, Verkehrsschilder usw.)

- Unfälle zwischen geradeausfahrenden Radfahrern und abbiegenden Kraftfahrzeugen im Bereich von Grundstückszufahrten; in der überwiegenden Zahl sind an diesen Unfällen rechtsabbiegende Kraftfahrzeuge beteiligt.

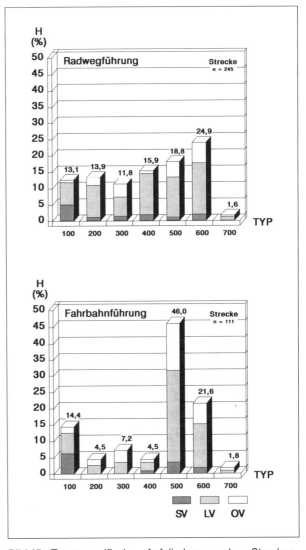

Bild 45: Typenspezifische Aufgliederung der Streckenunfälle

- Unfälle zwischen geradeausfahrenden Radfahrern und einbiegenden Kraftfahrzeugen (es überwiegen die Unfälle zwischen rechtseinbiegenden Kraftfahrzeugen und den Radweg in falscher Richtung benutzenden Radfahrern) sowie Unfälle zwischen Kraftfahrzeugen im Längsverkehr und querenden Radfahrern

- Unfälle mit querenden Fußgängern; es überwiegen die Unfälle mit Fußgängern, die vom Straßenrand (Gehweg) aus kommend sich zur Fahrbahn hin bewegen

- Unfälle in Zusammenhang mit dem unachtsamen Öffnen der Beifahrertür; seitliches Auffahren auf abgestellte Kraftfahrzeuge

- Unfälle im Parallelverkehr zwischen Radfahrern (Überholvorgänge) sowie zwischen entgegenkommenden Radfahrern; Unfälle im Längsverkehr zwischen Radfahrern und Fußgängern

• Bei der Fahrbahnführung des Radverkehrs überwiegen im Bereich der Strecke die Unfälle mit dem ruhenden Verkehr (Anteilswert: 46,0 %) und im Längsverkehr (Anteilswert: 21,6 %). Die Anteilswerte der übrigen Unfalltypengruppen sind dementsprechend gering. Besonders auffällig ist, wie schon bei der Radwegführung, der hohe Anteil der Allein-Unfälle (Typengruppe 100) an den Unfällen mit schwerverletzten Verkehrsteilnehmern (Anteilswert: 50 %).

Es überwiegen bei der Fahrbahnführung im Bereich der Strecke die folgenden Konfliktkonstellationen:

- Allein-Unfälle infolge eines Fahrfehlers (hierunter eine Reihe von Unfällen im Gleiskörperbereich der Fahrbahn)

- Unfälle im Zusammenhang mit dem unachtsamen Öffnen einer Wagentür; 73 % der Unfälle mit dem ruhenden Verkehr und hiermit ein Drittel aller der im Streckenbereich registrierten Unfälle sind dieser Konfliktkonstellation zuzuordnen

- Unfälle im Parallelverkehr zwischen Radfahrern und Kraftfahrzeugen; es überwiegen die Unfälle zwischen Radfahrern und überholenden Kraftfahrzeugen

• Eine situationsbezogene Aufschlüsselung des Unfallgeschehens macht deutlich, daß jede Straße ihre eigene Charakteristik besitzt hinsichtlich der Zahl, der Schwere und des Typs der aufgetretenen Radfahrerunfälle – geprägt im wesentlichen durch verkehrsanlagenbezogene Merkmale, die jeweiligen Nutzungsstrukturen und -intensitäten sowie verkehrsteilnehmer- und verhaltensspezifische Faktoren. Aus der situationsbezogenen Gesamtbetrachtung des Radfahrerunfallgeschehens lassen sich die folgenden verkehrsanlagenbezogenen Schlüsse ziehen:

- Straßenausstattungsgegenstände wie Poller, Verkehrsschilder usw. stellen für den Radverkehr besonders ausgeprägte Gefahrenquellen dar. Dies gilt insbesondere für Elemente, die im Bereich der Radwege selbst – z. B. zur Abschirmung des ruhenden Verkehrs – oder direkt angrenzend ohne ausreichende Schutzbereiche angeordnet sind.

- Die durchgeführten Untersuchungen bestätigen die Gefährdungsträchtigkeit von Grundstückszufahrten, wobei die auf den Radwegen fahrenden Radfahrer sowohl durch einbiegende als auch durch abbiegende Fahrzeuge gefährdet sind. Besonders gefährdet sind linksfahrende Radfahrer. Als problematisch erweisen sich nach den durchgeführten Einzelbetrachtungen insbesondere Grundstückszufahrten, an denen aufgrund parkender Fahrzeuge schlechte Sichtbedingungen gegeben sind.

- Die untersuchten Hauptverkehrsstraßen mit einer höheren Nutzungsintensität und -vielfalt (Geschäftsstraßen) weisen eine überdurchschnittlich hohe Zahl an Unfällen zwischen Radfahrern und querenden Fußgängern auf. Neben Fußgängern, die vom Gehweg her oder aus Richtung Fahrbahn kommen, sind an diesen Unfällen in einer Reihe von Fällen auch Fußgänger beteiligt, die aus Hauseingängen oder Geschäften kommend auf die andere Straßenseite wechseln oder zu ihrem am Fahrbahnrand parkenden Fahrzeug gelangen wollen. Als problematisch erweisen sich vor allem Straßen mit Rad- und Gehwegen, bei denen aufgrund einer unzureichenden Breitenbemessung keine Ausweich- und Kompensationsmöglichkeiten in Konfliktfällen zwischen Fußgängern und Radfahrern gegeben sind. Auch eine Reihe von Unfällen im Längsverkehr zwischen Fußgängern und Radfahrern sind auf diesen Straßen zu registrieren.

- Auf Radwegen mit fehlenden oder unzureichend breiten Schutzstreifen sind Radfahrer in einem hohen Maße gefährdet durch Beifahrertüren, die unachtsam geöffnet werden. Einzelne Untersuchungsfallbeispiele zeigen, daß es mit Hilfe einer konsequenten Abschirmung des ruhenden Verkehrs möglich ist, Unfälle dieser Art zu verhindern.

- Einzelne Fallbeispiele mit stark befahrenen Radwegen weisen hohe Unfallbelastungen im Längsverkehr zwischen Radfahrern auf. Es wird deutlich, daß bei hohen Radverkehrsbelastungen Radwegbreiten von etwa 1,50 m bei weitem nicht ausreichend sind, um konfliktarme Radverkehrsabläufe zu ermöglichen.

– Bei einigen Untersuchungsfallbeispielen wird der Radverkehr, bedingt durch die Anordnung des ruhenden Verkehrs, relativ weit abgesetzt von der Fahrbahn geführt. Mehr als bei den anderen Führungsvarianten kommt es bei diesen Fallbeispielen zu Unfallhäufungen im Bereich der einmündenden Anliegerstraßen.

– Im Bereich der Fahrbahnführung überwiegen die Radfahrerunfälle mit dem ruhenden Verkehr, wobei es sich hier größtenteils um Unfälle handelt, die auf ein unachtsames Öffnen der Fahrertür zurückzuführen sind. Fahrbahnbreitenbezogene Abhängigkeiten sind aus dem Unfallkollektiv wegen der Vielschichtigkeit der wirkenden Einflüsse nicht herauszukristallisieren. Dies gilt auch für die im Längsverkehr zwischen Radfahrern und Kraftfahrzeugen aufgetretenen Unfälle.

Annahme der Radwege

- Die in die Untersuchungen einbezogenen Radwege werden in einem außerordentlich hohen Maße von den Radfahrern angenommen. Im Durchschnitt aller Fallbeispiele ergibt sich bei einer Gesamtzahl von rd. 10 300 beobachteten Radfahrern eine Akzeptanzquote von 93,8 %. 5,1 % der Radfahrer fuhren im Bereich der Gehwege, lediglich 1,1 % benutzten die Fahrbahn.

- Zu einer Nichtannahme der Radwege kam es vorwiegend bei Radfahrerüberholvorgängen (30 % der Fälle), Fahrten in der Gruppe (1 %) sowie bei entgegenkommenden Radfahrern (18 %). Blockierungen der Radwege führten in 14 % der Fälle zu einer Nichtannahme. Anlagenspezifische, teilnehmerstrukturelle oder belastungsbezogene Abhängigkeiten sind aufgrund der geringen Zahl der die Radwege nicht annehmenden Radfahrer nicht feststellbar.

- Von den 10 300 beobachteten Radfahrern (16 Meßstandorte) fuhren 8,0 % entgegen der vorgeschriebenen Fahrtrichtung. Der Anteil der linksfahrenden Radfahrer am Unfallgeschehen liegt demgegenüber bei 14 %.

Querschnittsbelegungsverhalten der Radfahrer

- Der Großteil der Einzelradfahrer bewegt sich im Querschnitt der meisten beobachteten Radwege innerhalb eines etwa 60 bis 80 cm breiten Bewegungsbandes (Bezugsmaß: Fahrradachse), wobei die Breite dieses Bewegungsbandes mit steigender Radwegbreite erwartungsgemäß zunimmt. Zu parkenden Fahrzeugen hin wird von diesen Radfahrern weitgehend unabhängig von der Radwegbreite ein Seitenabstand (Bezugsgröße: Außenbegrenzung des Radfahrers) von 50 cm in der Regel nicht unterschritten. Nur unwesentlich geringer sind die Mindestabstände zum Gehweg hin, falls dieser stärker von Fußgängern frequentiert wird.

- Bei Fahrten in der Gruppe oder bei Überholvorgängen kommt es demgegenüber in vielen Fällen (bis hin zu 30 % der beobachteten Radfahrer dieses Teilkollektivs) zu einer deutlichen Unterschreitung der gebotenen Mindestabstände, wobei vorhandene Schutzstreifen von einem Teil dieser Radfahrer mitbenutzt werden. Von einzeln fahrenden Radfahrern wurde der Schutzstreifen nur in Ausnahmefällen befahren.

Geschwindigkeiten der Radfahrer

- Die in Zusammenhang mit der Radwegführung festgestellten mittleren Geschwindigkeiten des Radverkehrs liegen zwischen 15,3 und 19,6 km/h, die dazugehörigen 85-%-Geschwindigkeiten zwischen 18,9 und 23,6 km/h. Als Durchschnittswert aller Fallbeispiele ergibt sich eine mittlere Radfahrergeschwindigkeit auf Radwegen von 17,7 km/h.

- Die in Zusammenhang mit der Fahrbahnführung festgestellten Radfahrergeschwindigkeiten sind geringfügig höher. Es wurden mittlere Geschwindigkeiten zwischen 16,6 und 20,1 km/h sowie 85-%-Geschwindigkeiten zwischen 19,7 und 24,5 km/h registriert. Der Durchschnittswert aller Fallbeispiele der Fahrbahnführung liegt bei 18,2 km/h.

- Bei den festgestellten Radfahrergeschwindigkeiten ergeben sich deutliche nutzungsbezogene sowie reisezweckspezifische Abhängigkeiten. So sind die niedrigsten Radfahrergeschwindigkeiten erwartungsgemäß auf denjenigen Straßen zu verzeichnen, die besonders hohe Anteile an quell-/zielbezogenem Radfahrereinkaufsverkehr aufzuweisen haben und/oder die in einem starken Maße vom Fußgängerverkehr frequentiert werden. Straßen, die in einem stärkeren Maße auch Radfahrerdurchgangsverkehre (z. B. Studenten-, Berufspendlerverkehre) aufzunehmen haben, weisen demgegenüber deutlich höhere Radfahrergeschwindigkeiten auf.

Interaktionsgeschehen im Bereich der Radwege

- Die durchgeführten Verkehrsverhaltensbeobachtungen konzentrieren sich der Schwerpunktsetzung des Projektes entsprechend auf den Bereich der Strecke. In die Hauptverkehrsstraßen einmündende Anliegerstraßen wurden dementsprechend in die Verkehrsbeobachtungen nicht miteinbezogen. Dies gilt auch für stärker befahrene Grundstückszufahrten, die von der Problematik ähnlich gelagert sind.

- Im Bereich der Radwegführung kam es bei 5226 beobachteten Radfahrern (11 Meßstandorte) zu durchschnittlich 0,55 kritischen Situationen (Gefahrensituationen mit erhöhter Kollisionsgefahr) pro 100 in einem 25-m-Abschnitt beobachteter Radfahrer. Die überwiegende Zahl der Fallbeispiele weist Konfliktquoten auf, die in etwa im Bereich dieses Durchschnittswertes liegen. An einzelnen Meßstandorten waren während der Verkehrsbeobachtungen keinerlei kritische Situationen zu registrieren. Dem stehen einzelne Fallbeispiele mit deutlich über dem Durchschnitt liegenden Konfliktquoten gegenüber.

- Eine typenspezifische Aufgliederung des Konfliktgeschehens macht deutlich, daß sich ein wesentlicher Teil (48 %) der aufgetretenen Konfliktsituationen zwischen Radfahrern und querenden Fußgängern ereignete. Hinzu kommen kritische Situationen im Längsverkehr zwischen Radfahrern und Fußgängern, Konflikte im Längsverkehr zwischen Radfahrern (Überholvorgänge) sowie einzelne kritische Situationen mit parkenden Fahrzeugen.

- Als besonders konfliktträchtig erweisen sich nach den durchgeführten Verkehrsbeobachtungen Straßen mit geringen Trennstreifen-, Geh- und Radwegbreiten bei einem gleichzeitig hohen Nutzungsdruck durch den Fußgängerverkehr.

- In einem wesentlich stärkeren Maße als zu kritischen Situationen kam es bei den untersuchten Fallbeispielen erwartungsgemäß zu Behinderungen der Radverkehrsabläufe. In der Gesamtheit der betrachteten Fälle ergibt sich bei den 5226 beobachteten Radfahrern eine durchschnittliche Quote von 2,97 Behinderungen pro 100 Radfahrer.

- Rund 30 % der im Rahmen der Radwegführung registrierten Behinderungssituationen stehen in Zusammenhang mit den Vorgängen des Fußgängerlängsverkehrs (Ausweichvorgänge der Fußgänger oder Entlanglaufen auf dem Radweg). Zu Häufungen von Behinderungen dieser Art kommt es auf all denjenigen Straßen, die unzureichende und den Nutzungsanforderungen des Fußgängerverkehrs nicht angepaßte Gehwegbreiten aufzuweisen haben. Weitere 22 % der beobachteten Behinderungsfälle sind auf querende oder sich im Bereich des Radwegs aufhaltende Fußgänger zurückzuführen. Weitere 19 % der Behinderungen ereigneten sich im Längsverkehr unter Radfahrern – weitgehend verursacht durch entgegenkommende Radfahrer. Die restlichen 29 % der registrierten Behinderungsfälle stehen in Zusammenhang mit Vorgängen des Kfz-Verkehrs (Ein-/Aussteigevorgänge, Ladevorgänge, Ein-/Ausparken, Wenden, Ein-/Ausfahren).

Interaktionsgeschehen im Bereich der Fahrbahn

- Besonders wichtig zur Beurteilung der in Zusammenhang mit der Fahrbahnführung des Radverkehrs stehenden Interaktionsvorgänge sind die Geschwindigkeiten des Kfz-Verkehrs. Die durchgeführten Geschwindigkeitsmessungen haben ergeben, daß bei den Fallbeispielen der Fahrbahnführung die mittleren Geschwindigkeiten des Kfz-Verkehrs im Bereich zwischen 38 und 48 km/h, die dazugehörigen 85-%-Geschwindigkeiten zwischen 46 und 57 km/h liegen. Höhere Kfz-Geschwindigkeiten ergeben sich bei der Radwegführung des Radverkehrs. Hier liegen die mittleren Geschwindigkeiten bei den Fallbeispielen mit einer zulässigen Höchstgeschwindigkeit von 50 km/h zwischen 44 und 55 km/h, die dazugehörigen 85-%-Geschwindigkeiten zwischen 51 und 62 km/h.

- Von den 2063 im Rahmen der Fahrbahnführung untersuchten Radfahrern hatte in der Gesamtheit der betrachteten Fälle fast genau jeder zweite Radfahrer – bezogen auf einen 25-m-Beobachtungsabschnitt – mindestens eine Interaktion aufzuweisen (Bandbreite zwischen 33 und 78 %). Der Großteil der insgesamt 1109 Radfahrerinteraktionen ereignete sich mit dem fließenden Kfz-Verkehr (78 %), jeweils 11 % mit dem ruhenden Verkehr sowie mit dem Fußgängerverkehr.

- Das Interaktionsgeschehen zwischen Radfahrern und dem fließenden Kfz-Verkehr wird entscheidend geprägt durch die Breite des jeweils benutzten Fahrstreifens in Verknüpfung mit belastungsspezifischen Faktoren. Es ergeben sich folgende Abhängigkeiten:

    – Von den Fallbeispielen mit höheren Kfz-Verkehrsbelastungen (zwischen 12 000 und 15 000 Kfz/Tag) weist das Fallbeispiel mit einer Fahrstreifenbreite von 4,0 m in Beobachtungsrichtung den größten Anteil (93 %) an Kraftfahrzeugen auf, die Radfahrer im Interaktionsfall überholen, wobei in der Regel der eigene Fahrstreifen nicht verlassen wurde. Die restlichen 7 % der beobachteten Kraftfahrzeuge verblieben innerhalb des Untersuchungsbereiches hinter den Radfahrern.

- Bei den Fallbeispielen mit Fahrstreifenbreiten von 3,20 m, 3,25 m (+ 0,25 m Mittelmarkierung) und von 3,65 m und Kfz-Verkehrsbelastungen ebenfalls zwischen 12 000 und 15 000 Kfz/Tag ist der Anteil der im Interaktionsfall hinter den Radfahrern verbleibenden Kraftfahrzeugen mit Werten von 47 %, 64 % und 30 % deutlich höher. Bei den auch bei diesen Breiten immer noch in großer Zahl stattfindenden Überholvorgängen wurden die gebotenen Mindestseitenabstände in vielen Fällen deutlich unterschritten.

- Günstigere Verhältnisse waren auf den Straßen mit Kfz-Verkehrsbelastungen zwischen 8000 und 9000 Kfz/Tag und nutzbaren Fahrbahnbreiten (Einschränkungen durch parkende Kraftfahrzeuge) von 5,0 m bzw. von 6,0 m zu registrieren. Hier liegen die Anteilswerte der im Interaktionsfall hinter den Radfahrern verbleibenden Kraftfahrzeuge bei 53 % und bei 42 %. Im Gegensatz zu den stärker vom Kfz-Verkehr belasteten Straßen mit größeren Fahrbahnbreiten wichen überholende Kraftfahrzeuge bei diesen Fallbeispielen in ziemlich deutlicher Form auf den Gegenrichtungsfahrstreifen aus, so daß die sich einstellenden Seitenabstandswerte relativ hoch sind.

• In der Gesamtheit der betrachteten Fälle sind die bei Überholvorgängen zwischen Radfahrern und Kraftfahrzeugen ermittelten Seitenabstände (Maß: jeweilige Außenbegrenzungen) sehr gering. So unterschritten bei einer Gesamtzahl von 517 beobachteten Überholvorgängen 53 % der überholenden Kraftfahrzeuge einen Seitenabstand von 1,0 m. In 9 % der Fälle betrug der Seitenabstand weniger als 0,60 m. Besonders geringe Seitenabstände wurden auf den vom Kfz-Verkehr stärker belasteten Straßen mit Fahrstreifenbreiten im Bereich von etwa 3,25 bis 3,50 m festgestellt.

• Die bei Überholvorgängen zwischen Kraftfahrzeugen und Radfahrern festgestellten Interaktionsgeschwindigkeiten des Kfz-Verkehrs liegen um etwa 4 bis 8 km/h (im Mittel: 4,6 km/h) unter denen der frei- und unbehindert fahrenden Kraftfahrzeuge. Ein Teil der registrierten Interaktionsgeschwindigkeiten ist unangemessen hoch.

• Bei einer Gesamtzahl von 2063 Radfahrern (7 Meßstandorte) kam es im Bereich der Fahrbahnführung zu durchschnittlich 1,75 kritischen Situationen pro 100 beobachteter Radfahrer. Es ergibt sich hiermit eine Konfliktquote, die deutlich über der der Radwegführung (0,55 kritische Situationen pro 100 Radfahrer) liegt.

• Eine typenspezifische Aufgliederung des auf der Fahrbahn aufgetretenen Konfliktgeschehens macht deutlich, daß sich 78 % der kritischen Situationen im Längsverkehr zwischen Radfahrern und Kraftfahrzeugen ereigneten. Es überwiegen die Fälle, bei denen Radfahrer von Kraftfahrzeugen mit situationsunangemessenen Abständen und Geschwindigkeiten überholt wurden. Hinzu kommen einzelne kritische Situationen mit dem ruhenden Verkehr sowie mit dem Fußgängerquerverkehr.

• Die für die Fahrbahnführung festgestellte durchschnittliche Behinderungsquote liegt bei 4,61 Behinderungen pro 100 Radfahrer (Radwegführung: 2,97 Behinderungen), wobei das Spektrum der Behinderungsquoten bei den einzelnen Fallbeispielen von 1,5 bis hin zu 8,8 Behinderungen pro 100 beobachteter Radfahrer reicht. In 35 % der registrierten Behinderungsfälle wurden Radfahrer zum Anhalten oder Absteigen veranlaßt.

• Der Großteil der beobachteten Behinderungssituationen steht in Zusammenhang mit den Vorgängen des ruhenden Verkehrs. In 23 % der insgesamt beobachteten Behinderungsfälle waren es auf der Fahrbahn (teilweise „in zweiter Reihe") haltende oder parkende Fahrzeuge, die die freie Fahrt von Radfahrern beeinträchtigten. Unkorrektes Parken auf dem Parkstreifen führte in 12 % der Fälle zu Behinderungen des Radverkehrs. Weitere Behinderungsfälle, die zusammengefaßt einen Anteilswert von 30 % erreichen, stehen in Zusammenhang mit den Ein- oder Ausparkvorgängen des Kfz-Verkehrs bzw. mit Ein- oder Aussteigevorgängen. 22 % der Behinderungsfälle wurden durch Stauvorgänge des Kfz-Verkehrs verursacht. Nur untergeordnete Bedeutung mit einem Anteilswert von lediglich 4 % besitzen demgegenüber die durch ein- bzw. ausfahrende Kraftfahrzeuge verursachten Behinderungen, was auf die geringe Zahl der in den Untersuchungsabschnitten liegenden Grundstückszufahrten zurückzuführen ist.

- Eine Aufschlüsselung des Querschnittsbelegungsverhaltens der auf der Fahrbahn fahrenden Radfahrer zeigt, daß sich ein hoher Anteil der Radfahrer im unmittelbaren Umgebungs- und hiermit Gefahrenbereich (0 – 50 cm) parkender Fahrzeuge fortbewegte. Bei den interaktionsfrei fahrenden Radfahrern liegt der entsprechende Anteilswert bei 22 %, bei Radfahrern, die von Kraftfahrzeugen überholt wurden, sogar bei 44 %.

- Anhand eines Einzelfallbeispiels (Hennef – Frankfurter Straße) wurde die aufgegliederte Führung des Radverkehrs (Fahrbahnführung mit der Regelung „Gehweg/Radfahrer frei") untersucht. Die Untersuchungsergebnisse zeigen, daß eine solche Führung nur in Frage kommen kann auf Straßen, die in einem schwächeren Maße vom Fußgängerverkehr frequentiert werden. Um die genauen Einsatzbedingungen dieser Regelung bestimmen zu können, bedarf es weiterer Untersuchungen.

8 Planungsempfehlungen

Die hier vorliegenden Planungsempfehlungen enthalten Hinweise zur

- situationsangepaßten Wahl und

- Bemessung und Ausgestaltung

von Radverkehrsführungen im Bereich der Strecke von innerörtlichen Hauptverkehrsstraßen, die durch eine höhere Nutzungsintensität und -vielfalt gekennzeichnet sind (Geschäftsstraßen oder Straßen mit kombinierter Wohn- und Geschäftsnutzung). Die Fixierung der Planungsaussagen erfolgt unter Miteinbeziehung der Ergebnisse der BASt-Forschungsprojekte 8315 „Sichere Gestaltung markierter Wege für Fahrradfahrer" und 8925 „Sicherung von Radfahrern an städtischen Knotenpunkten".

8.1 Wahl der Radverkehrsführung

Die Ergebnisse der durchgeführten Unfallanalysen und Verkehrsverhaltenbeobachtungen machen deutlich, daß es für den Bereich der intensiv und vielfältig genutzten innerörtlichen Hauptverkehrsstraßen eine eindeutig zu bevorzugende Führungsvariante des Radverkehrs nicht gibt. Als gleichwertige Führungsformen können vielmehr angepaßt an den jeweiligen planerischen Einzelfall zur Anwendung kommen:

- die Fahrbahnführung des Radverkehrs im Mischverkehr

- Radfahrstreifen

- Radwege

Jede Straße hat ihre eigene Charakteristik – geprägt durch verkehrliche, bauliche, betriebliche, umfeldbezogene, städtebauliche, netzstrukturelle und verkehrsteilnehmerbezogene Bestimmungsgrößen. Bei der Wahl und Festlegung der jeweiligen Führungsvariante des Radverkehrs ist dem sich hieraus ableitenden Anforderungsspektrum Rechnung zu tragen, wobei stets eine Abwägung mit den Sicherheits- und Komfortinteressen der übrigen Straßennutzergruppen zu erfolgen hat. Durch Wahl einer situationsangepaßten Führungsvariante muß hierbei sichergestellt werden, daß Einklang hergestellt wird zwischen dem subjektiven Sicherheitsgefühl der Radfahrer und der objektiv gegebenen Sicherheit.

Bestimmend für die Auswahl einer geeigneten Führungsvariante des Radverkehrs sind vor allem die folgenden Kriterien:

- Gefährdung des Radverkehrs durch den Kfz-Verkehr

- Art und Dichte der Knotenpunkte und stärker befahrener Grundstückszufahrten

- Art, Intensität und Verkehrswirksamkeit der Umfeldnutzungen

- Flächenverfügbarkeit in den Straßenräumen

Weitere Bestimmungsgrößen sind:

- Stärke und Zusammensetzung des Radverkehrs

- ortsspezifische Charakteristiken des Radverkehrs

- Problem- und Engstellen

- Führungs-/Nutzungsbesonderheiten

Grundsätzlich sollten Radverkehrsanlagen innerhalb der bebauten Ortslage auf beiden Straßenseiten angelegt werden. In welchem Maße beidseitige Zweirichtungsführungen – dann in der Regel auf Radwegen – in Frage kommen, hängt neben der Flächenverfügbarkeit in den Straßenseitenräumen vor allem ab von der Verteilung der Quell-/Ziel-Potentiale des Radverkehrs, der jeweiligen Trennwirkung der Straße sowie den Einbindungs- und Sicherungsmöglichkeiten im Bereich der Knotenpunkte und Grundstückszufahrten. Die nachfolgenden Aussagen beziehen sich – dem Untersuchungsfeld des Projektes entsprechend – auf beidseitige Einrichtungsführungen.

Gefährdung des Radverkehrs durch den Kfz-Verkehr

Ob und welche Maßnahmen zur Trennung des Radverkehrs vom Kfz-Verkehr erforderlich sind, hängt in einem wesentlichen Maße ab von den auf der Fahrbahn vorliegenden Gefährdungsverhältnissen. Diese werden vor allem bestimmt durch

– die Geschwindigkeiten,

– die Stärke und

– die Zusammensetzung des Kfz-Verkehrs.

Eine Trennung des Radverkehrs vom fließenden Kfz-Verkehr ist um so notwendiger, je höher das Geschwindigkeitsniveau und je stärker die Kfz-Verkehrsbelastungen sind. Auch eine starke Belegung der Straße durch den Schwerlastverkehr spricht eher für eine getrennte Führung des Radverkehrs, wobei unter einer getrennten Führung sowohl Radwege als auch Radfahrstreifen zu verstehen sind.

Nach den durchgeführten Verkehrsbeobachtungen erweist sich die Führung des Radverkehrs im Mischverkehr mit dem Kfz-Verkehr auf der Fahrbahn bis hin zu Kfz-Verkehrsbelastungen von etwa 10 000 Kfz/Tag als relativ unproblematisch, so daß Separationsmaßnahmen aus der Sicht der Interaktionsabwicklung des Radverkehrs mit dem fließenden Kfz-Verkehr in der Regel nicht erforderlich sind. Die 85-%-Geschwindigkeit der Kraftfahrzeuge sollte jedoch nicht mehr als 50 km/h betragen.

Auch bei höheren Kfz-Verkehrsbelastungen bis hin zu etwa 15 000 Kfz/Tag (Verkehrsbelastung im Gesamtquerschnitt), in manchen Fällen auch deutlich darüber hinaus, kann die Führung des Radverkehrs im Mischverkehr auf der Fahrbahn – wie einzelne Untersuchungsfallbeispiele zeigen – eine verträgliche und den anderen Führungsvarianten adäquate Lösung sein. Zur Gewährleistung eines möglichst gefährdungsarmen Verkehrsablaufs sollte die 85-%-Geschwindigkeit der im unbehinderten Verkehrsfluß fahrenden Kraftfahrzeuge dann einen Wert von 45 km/h nicht überschreiten.

Auf Straßen mit einer Querschnittsbelastung von mehr als 20 000 Kfz/Tag oder auf Straßen mit einer zulässigen Höchstgeschwindigkeit über 50 km/h sollte der Radverkehr stets getrennt vom Kfz-Verkehr (Radfahrstreifen oder Radwege) geführt werden, da sonst in der Regel ein erhöhtes Konfliktpotential auf der Fahrbahn zu erwarten ist.

Niedrigere Belastungswerte sind in Ansatz zu bringen auf Straßen mit einer starken Frequentierung durch den Schwerlastverkehr (etwa mehr als 1000 Kfz/Tag) und auf Straßen, die bei einer dominierenden Verbindungsfunktion in starkem Maße ortsfremde Durchgangsverkehre aufweisen.

Erweist es sich als notwendig, den Radverkehr getrennt vom Kfz-Verkehr zu führen, so kommt über weite Belastungs- und Geschwindigkeitsbereiche sowohl die Führung des Radverkehrs auf Radfahrstreifen als auch auf Radwegen in Frage. Ab einer Kfz-Verkehrsbelastung von etwa 30 000 Kfz/Tag sollten bevorzugt Radwege zur Anwendung kommen.

Nach den durchgeführten Verkehrsuntersuchungen wird die Gefährdungssituation des Radverkehrs auf der Fahrbahn in Verknüpfung mit der Geschwindigkeits- und Belastungssituation auch in einem wesentlichen Maße bestimmt durch die Anordnung und Regelung des ruhenden Verkehrs sowie durch die Breite der Fahrbahn. Je mehr es durch eine anspruchsgerechtere Ordnung des ruhenden Verkehrs sowie durch eine entsprechende Dimensionierung der Fahrbahn (siehe hierzu Abschnitt 8.2) gelingt, gefährdungsarme und vom ruhenden Verkehr weitgehend unbeeinträchtigte Interaktionsvorgänge zwischen dem fließenden Kfz-Verkehr und dem Radverkehr zu ermöglichen, desto eher kann auch bei hohen Kfz-Verkehrsbelastungen – falls das angegebene Geschwindigkeitsniveau eingehalten wird – die Fahrbahnführung des Radverkehrs im Mischverkehr in Frage kommen. Ist demgegenüber für den Radverkehr auf der Fahrbahn aufgrund ungünstiger und nicht abänderbarer Konstellationen (z. B. schmale Fahrbahn in Verbindung mit hohen Kfz-Verkehrsbelastungen) mit einem erhöhten Gefährdungs- und auch Behinderungspotential zu rechnen, so ist eine getrennte Führung des Radverkehrs anzustreben.

Art und Dichte der Knotenpunkte

Nach den Erkenntnissen des BASt-Projektes „Sicherung von Radfahrern an städtischen Knotenpunkten" ist an Knotenpunkten ohne Lichtsignalanlage die Unfallgefährdung für geradeausfahrende Radfahrer bei der Führung auf der Fahrbahn oder auf Radfahrstreifen erheblich geringer als bei der Führung auf Radwegen mit Radfahrerfurten, die insbesondere durch linksfahrende Radfahrer ungenügende Sicherheitsbilanzen aufweisen. Die im

Rahmen des hier vorliegenden Projektes erzielten Erkenntnisse weisen in die gleiche Richtung. Auch an Knotenpunkten mit Lichtsignalanlage ist die Sicherheitsbilanz bei Führung geradeausfahrender Radfahrer auf der Fahrbahn oder auf Radfahrstreifen günstiger als bei der Führung auf straßenbegleitenden Radwegen, da insbesondere der wichtige Konflikt mit rechtsabbiegenden Kraftfahrzeugen seltener auftritt.

Während bei größeren Knotenpunkten (in der Regel lichtsignalgesteuerte Knotenpunkte sich kreuzender Verkehrsstraßen) durchaus ein Wechsel der Radverkehrsführung angebracht oder empfehlenswert sein kann (z. B. Übergang eines Radweges im Bereich der Strecke in einen Radfahrstreifen im Bereich des Knotens), ist die im Streckenbereich vorhandene Radverkehrsführung im Bereich kleinerer Anschlußknoten (einmündende Erschließungsstraßen) in der Regel beizubehalten. Die Wahl einer geeigneten Streckenführung des Radverkehrs wird so wesentlich mitbestimmt durch die jeweilige Art und Dichte der einmündenden Straßen und die dort vorliegenden Gefährdungsbedingungen.

Wegen der an Knotenpunkten vergleichsweise größeren Sicherheitsprobleme empfiehlt es sich für Straßen, die durch

- eine dichte Folge einmündender Erschließungsstraßen oder
- eine Reihe von stärker frequentierten Grundstückszufahrten (z. B. Parkplatzzufahrten)

gekennzeichnet sind, der Fahrbahnführung des Radverkehrs im Mischverkehr oder auf Radfahrstreifen den Vorzug zu geben vor der Radwegführung. Um das Einsatzfeld für Radwege zu erweitern, ist in diesem Zusammenhang jedoch stets zu überprüfen, ob die an Knotenpunkten vorhandenen spezifischen Sicherheitsprobleme von Radwegen durch entsprechende Gegenmaßnahmen (z. B. Verbesserung der Sichtbedingungen, rechtzeitiges Heranführen der Radwege an die parallele Fahrbahn, Teilaufpflasterungen mit Radwegüberfahrten) vermindert werden können.

Art, Intensität und Verkehrswirksamkeit der Umfeldnutzungen

Art und Intensität der Umfeldnutzungen sind in ihrer verkehrserzeugenden und -anziehenden Wirkung u.a. bestimmend für die Höhe des Fußgängerverkehrsaufkommens, die Stärke des Park-, Lade- und Lieferverkehrs sowie für die Bedeutung der Straße als Raum zum Aufenthalt und zum Verweilen. Hauptverkehrsstraßen mit intensiver und vielfältiger Nutzung besitzen eine entsprechend hohe Verkehrswirksamkeit mit in der Regel vielschichtigen Verkehrsverflechtungen in Längs- und Querrichtung.

Durch eine entsprechende Breitendimensionierung der Straßenseitenräume ist sicherzustellen, daß die Fußgängerlängsverkehre weitgehend unbeeinträchtigt von den weiteren Nutzungen – so auch vom Radverkehr – abgewickelt werden können und ein der Funktion der Straße entsprechender Straßenaufenthalt ermöglicht wird. Es ist darüber hinaus zu gewährleisten, daß auch die Fußgängerquerungsvorgänge (zwischen den beiden Straßenseiten oder zwischen einer Straßenseite und den am Fahrbahnrand parkenden Fahrzeugen) möglichst sicher und ungefährdet vom Radverkehr erfolgen können. Dies erfordert nach den Erkenntnissen der durchgeführten Untersuchungen – falls der Radverkehr auf einem Radweg geführt werden soll – wiederum ausreichend breite Gehwege sowie auch ausreichend breite Schutzstreifen (z. B. zwischen Radweg und parkenden Fahrzeugen), die den Verkehrsteilnehmern genügend Raum zur Orientierung und zur Kompensation von Verhaltensfehlern bieten.

Ist es wegen einer begrenzten Flächenverfügbarkeit nicht möglich, dem vorgenannten Anforderungsspektrum Rechnung zu tragen, so ist der Radverkehr auf der Fahrbahn im Mischverkehr oder – falls die Notwendigkeit zur Separation gegeben ist – auf Radfahrstreifen zu führen.

Stärkerer Park-, Lade- und Lieferverkehr erschwert auf Hauptverkehrsstraßen in vielen Fällen eine anforderungsgerechte Radfahrerführung. Sind für den Fall, daß Radwege aus anderen Gesichtspunkten ausscheiden, Radfahrstreifen vorgesehen, so ist zunächst zu überprüfen, ob durch eine Umorganisation des ruhenden Verkehrs (z. B. Bereitstellung anderer Flächen) die Bedingungen zur Anlage von Radfahrstreifen verbessert werden können. Ist das Halten, Parken oder Laden auf Flächen, die für einen Radfahrstreifen benötigt würden, unverzichtbar und von einer stärkeren Belegung dieser Bereiche auszugehen, so kommt in der Regel nur der Mischverkehr des Radverkehrs mit dem Kfz-Verkehr in Frage. Die Möglichkeit, daß der Radfahrstreifen von einzelnen parkenden oder haltenden Fahrzeugen belegt wird, sollte dessen Anlage jedoch nicht ausschließen, da dies nach den Erkenntnissen des BASt-Projektes „Sichere Gestaltung markierter Wege für Fahrradfahrer" zwar zu Behinderungen des Radverkehrs, kaum aber zu konfliktträchtigen Situationen führt. Auch eine hohe Parkwechselfrequenz sollte nicht dazu führen, auf die Anlage eines Radfahrstreifens zu verzichten, sofern dieser anforderungsgerecht angelegt werden kann.

Flächenverfügbarkeit

Die Wahl der Radverkehrsführung hängt entscheidend ab von der Flächenverfügbarkeit in den Straßenräumen, wobei auch räumliche Bindungen (z. B. vorhandene Baumreihen) eine Rolle spielen.

Radverkehrsanlagen im Bereich der Strecke bieten nur dann Gewähr für eine sichere Verkehrsabwicklung, wenn

- sie ausreichend breit sind, so daß die Verkehrsvorgänge des Längsverkehrs (z. B. Überholen) innerhalb der eigenen Flächen abgewickelt werden können und Raum zur Kompensation gefährdungsträchtiger Verkehrsvorgänge zur Verfügung steht,

- den Breitenerfordernissen und Ansprüchen der angrenzenden Nutzungen Rechnung getragen wird und

- keine Mindestquerschnitte nebeneinandergereiht werden.

Sind Radwege vorgesehen, so ist durch eine entsprechende Breitendimensionierung und Abgrenzung der Radwege darauf zu achten, daß Fußgänger nicht durch schnell und dicht vorbeifahrende Radfahrer gefährdet werden. Die Gehwege sind stets derart breit auszuführen, daß eine Mitbelegung der Radwege durch den Fußgängerlängsverkehr aus Kapazitätsgründen nicht erfolgt. Dies erfordert auf intensiv und vielfältig genutzten Hauptverkehrsstraßen (Geschäftsstraßen) in der Regel nutzbare Gehwegbreiten von 4,0 m und mehr. Auch auf Straßen, die nur schwach vom Fußgängerverkehr frequentiert werden, sollte bei benachbarten Radwegen eine Gehwegbreite von 2,0 m nicht unterschritten werden. Wegen der starken Gefährdung des Radverkehrs durch den ruhenden Verkehr (unachtsam geöffnete Beifahrertüren) sind Radwege darüber hinaus stets durch einen ausreichend breiten Schutzstreifen (siehe hierzu Abschnitt 8.2) von den parkenden Fahrzeugen abzugrenzen. Dieser Schutzstreifen dient auch als Aufstell- und Orientierungsraum für Fußgänger, die den Radweg in Richtung Gehweg queren wollen.

Die o.g. Anforderungen gelten in gleicher Weise für die Anlage von Radfahrstreifen. Auch hier ist sicherzustellen, daß keine Mindestquerschnitte nebeneinandergereiht werden, da dies nach den Erkenntnissen des BASt-Projektes „Sichere Gestaltung markierter Wege für Radfahrer" sehr gefährdungsträchtig sein kann. Bei benachbartem Parken ist insbesondere dafür zu sorgen, daß zwischen den parkenden Fahrzeugen und dem Radfahrstreifen ausreichend breite Schutzbereiche gegeben sind.

Können Radverkehrsanlagen in Form von Radwegen oder Radfahrstreifen wegen einer eingeschränkten Flächenverfügbarkeit nicht in adäquater Ausführung verwirklicht werden, so ist zunächst in Abwägung mit den Notwendigkeiten und Erfordernissen der weiteren Straßennutzungen zu überprüfen, ob Flächen für Radverkehrsanlagen durch eine andere Nutzungsaufteilung der Straße gewonnen werden können. Ist dies nicht machbar, so muß auf Radverkehrsanlagen verzichtet werden. Der Radverkehr ist dann im Mischverkehr mit dem Kfz-Verkehr auf der Fahrbahn zu führen, wobei durch entsprechende Maßnahmen sicherzustellen ist, daß die Geschwindigkeiten des Kfz-Verkehrs auf einem Niveau liegen, welches mit der Fahrbahnführung des Radverkehrs vereinbar ist (siehe hierzu „Gefährdung des Radverkehrs durch den Kfz-Verkehr").

Stärke und Zusammensetzung des Radverkehrs

Die Stärke und Zusammensetzung des Radverkehrs bestimmen in erster Linie den Flächenbedarf – insbesondere die Breite – von Radwegen und Radfahrstreifen. Auf die Wahl der Führungsvariante haben sie einen nur untergeordneten Einfluß. Ist jedoch in einem stärkeren Maße mit einem pulkartigen Auftreten des Radverkehrs zu rechnen, so spricht dies eher für die Anlage von Radfahrstreifen oder für die Fahrbahnführung im Mischverkehr, da so am ehesten die Mitbenutzung der Gehwege durch den Radverkehr verhindert werden kann und sich Radfahrer in größeren Gruppen auf der Fahrbahn relativ geschützt bewegen können.

Ortsspezifische Charakteristiken des Radverkehrs

Zu den ortsspezifischen Charakteristiken des Radverkehrs zählen insbesondere der Anteil des Radverkehrs am Gesamtverkehrsaufkommen sowie die hiermit in Verknüpfung stehende Teilnehmerstruktur des Radverkehrs. In Städten und Gemeinden mit traditionell höheren Radverkehrsanteilen und einer Nutzung des Fahrrades über nahezu alle Altersgruppen und Reisezwecke hinweg sind Radfahrer und Kraftfahrer relativ gut geübt in der Bewältigung von Interaktionen. Eher als in Städten und Gemeinden mit einem nur geringen Radverkehrsaufkommen kann es bei diesen Gegebenheiten zur Fahrbahnführung des Radverkehrs im Mischverkehr kommen, ohne daß mit Sicherheitsproblemen zu rechnen ist.

Problem- und Engstellen

Problem- und Engstellen (z. B. punktuelle Hindernisse, Gebäudevorsprünge, Unterführungen) sind immer dann von Bedeutung für die Wahl der Radverkehrsführung, wenn diese im Verlauf der Strecke häufiger wiederkehrend auftreten. Falls im übrigen Streckenbereich mehrere Führungsvarianten in Frage kommen, sollte dann für den gesamten Streckenverlauf diejenige Führungsform ausgewählt werden, mit der den Anforderungen der Problemstellen am ehesten Rechnung getragen werden kann.

Führungs-/Nutzungsbesonderheiten

Zu den im Rahmen des Projektes behandelten Führungs- und Nutzungsbesonderheiten zählt die Führung der Straßenbahn im Querschnitt der Fahrbahn. Die durchgeführten Untersuchungen machen deutlich, daß es wegen der Sturzgefahren im Bereich des Gleiskörpers und wegen der Gefährdungen durch Straßenbahn und Kfz-Verkehr dann in der Regel besser ist, den Radverkehr separat im Seitenraum der Straße auf Radwegen zu führen, sofern dies mit dem weiteren Anforderungsspektrum vereinbar ist.

8.2 Hinweise zur Bemessung und Ausgestaltung der Radverkehrsführungen

Mischverkehr auf der Fahrbahn

Erweist es sich als erforderlich oder zweckmäßig, den Radverkehr im Mischverkehr mit dem Kfz-Verkehr auf der Fahrbahn zu führen, so ist sicherzustellen, daß sich der Radfahrer dort möglichst sicher und unbeeinträchtigt bewegen kann. Durch eine entsprechende Breitenbemessung der Fahrbahn ist insbesondere dafür zu sorgen, daß die Überholvorgänge zwischen Radfahrern und Kraftfahrzeugen mit angemessenen Seitenabständen erfolgen können.

Bei einbahnigen, zweistreifigen Straßen sollten die einzelnen Fahrstreifen entweder derart breit ausgeführt werden, daß bei einem Verbleiben innerhalb des eigenen Fahrstreifens problemlose Überholvorgänge zumindest durch Pkw möglich sind, oder sie sollten so schmal sein, daß auf jeden Fall ein Ausweichen auf den Gegenfahrstreifen erforderlich wird und vom überholenden Kraftfahrzeug nicht der Versuch unternommen wird, innerhalb des eigenen Fahrstreifens zu verbleiben, was dann zu situationsunangemessenen Seitenabständen bei Überholvorgängen führt.

Soll ein Überholen von Radfahrern durch Kraftfahrzeuge auf demselben Fahrstreifen verhindert werden – wie dies insbesondere auf schwächer vom Kfz-Verkehr belasteten Straßen in Frage kommt –, so ist eine Fahrstreifenbreite von etwa 3,0 m nicht zu überschreiten. Sollen demgegenüber auf dem gleichen Fahrstreifen Überholvorgänge ermöglicht werden, so ist für den Interaktionsfall Radfahrer/Pkw eine Fahrstreifenbreite von 3,50 m, für den Interaktionsfall Radfahrer/Lkw oder Bus von 4,25 m nicht zu unterschreiten.

Bei Straßen mit mehr als einem Fahrstreifen pro Fahrtrichtung sollte angestrebt werden, den rechten Fahrstreifen derart schmal (etwa 2,75 m) auszuführen, daß bei Überholvorgängen auf den benachbarten Fahrstreifen ausgewichen werden muß.

Aus den Ergebnissen der durchgeführten Unfallanalysen wird deutlich, daß auf der Fahrbahn fahrende Radfahrer in einem hohen Maße in Unfälle verwickelt wurden, die durch unachtsam geöffnete Wagentüren verursacht wurden. Es wird daher für besonders notwendig gehalten, die Fahrbahn mit ihren einzelnen Fahrstreifen sowie die angrenzenden Verkehrsflächen in allen Fällen so zu dimensionieren, daß Radfahrer mit angemessenen Seitenabständen – auch im Interaktionsfall mit dem fließenden Kfz-Verkehr – an parkenden Fahrzeugen vorbeifahren können. Angrenzende Parkstände sollten daher so breit ausgeführt werden, daß zwischen den parkenden Fahrzeugen und den auf der Fahrbahn fahrenden Radfahrern ausreichend breite Schutzbereiche vorhanden sind. Darüber hinaus bietet es sich insbesondere an, zwischen Fahrbahn und angrenzenden Parkständen eine betont breite (etwa 0,50 m) und rauhe Linie (z. B. aus Natursteinpflaster) anzulegen, die ein nahes Vorbeifahren der Radfahrer an parkenden Fahrzeugen verhindern soll.

In welchem Maße es mit Hilfe von Führungshilfen auf der Fahrbahn (z. B. Radfahrspuren) möglich ist, die Bedingungen für eine sichere und reibungsarme

Verkehrsabwicklung zu verbessern, kann wegen des andersgelagerten Untersuchungsschwerpunktes aus den Untersuchungsergebnissen nicht abgeleitet werden. Dies gilt auch für die Frage, unter welchen Rahmenbedingungen die aufgegliederte Führung des Radverkehrs (Fahrbahnführung mit Gehwegbenutzungsmöglichkeit durch den Radverkehr) angebracht sein kann. Hier bedarf es detaillierter Untersuchungen, bevor konkrete Aussagen zu den Anwendungsfeldern dieser Sonderführungsformen getroffen werden können.

Radfahrstreifen

Nach den Ergebnissen des BASt-Projektes „Sichere Gestaltung markierter Wege für Fahrradfahrer" sowie den Erkenntnissen aus der hier vorliegenden Arbeit sollten Radfahrstreifen eine Regelbreite von 1,60 m (Nettomaß) aufweisen. Bei größeren Radverkehrsbelastungen, häufigeren Pulkbildungen und einem stärkeren Überholbedarf können auch größere Radfahrstreifenbreiten bis hin zu 2,0 m angebracht sein, wenn eine Belegung dieser Bereiche durch parkende Fahrzeuge verhindert werden kann. Die Mindestbreite von Radfahrstreifen im Streckenbereich beträgt 1,25 m (Nettomaß), sofern die 85-%-Geschwindigkeit der Kraftfahrzeuge einen Wert von 50 km/h nicht überschreitet. Wird schneller gefahren, so beträgt die Mindestbreite 1,60 m. Breite Rinnen oder schlecht befahrbare Fahrbahnseitenbereiche erfordern Breitenzuschläge.

Hinzuzurechnen zu den angegebenen Nettobreiten sind 0,25 m breite Markierungen, mit denen die Radfahrstreifen von den Fahrstreifen des fließenden Verkehrs abzugrenzen sind. Diese Markierungen sind in durchgezogener Form anzulegen (0,25 m Breitstrich, Zeichen 295 StVO). Im Bereich von Grundstückszufahrten und Einmündungen ist eine unterbrochene Markierungsführung (0,50 m Strich/ 0,20 m Lücke) anzuwenden. Auf Straßen mit einer zulässigen Höchstgeschwindigkeit von mehr als 50 km/h sollte der Radfahrstreifen von der Kfz-Fahrbahn durch eine entsprechende Markierungsanordnung (z.B. Doppellinie, bestehend aus zwei 0,12-m-Schmalstrichen) so abgegrenzt werden, daß ein mindestens 0,50 m breiter Schutzstreifen entsteht.

Zur Sicherstellung angemessener Seitenabstände zwischen Radfahrern und überholenden Kraftfahrzeugen ist der an den Radfahrstreifen angrenzende Fahrstreifen des Kfz-Verkehrs nicht schmaler als 2,75 m auszuführen. Bei hohen Kfz-Verkehrsbelastungen, einer stärkeren Frequentierung durch den Lkw- oder Busverkehr und ab einer 85-%-Geschwindigkeit von etwa 50 km/h sollte der angrenzende Fahrstreifen mindestens 3,00 m breit sein. Bei mehrstreifigen Richtungsführungen sind dann u. U. die weiter links liegenden Fahrstreifen schmaler auszuführen.

Bei vorhandenem Parken ist der Radfahrstreifen in der Regel links von den Parkständen des Kfz-Verkehrs anzulegen. Es ist dann stets sicherzustellen (z. B. durch eine entsprechende Markierungsanordnung oder Anlage einer breiten, gepflasterten Rinne), daß zwischen den parkenden Fahrzeugen und dem Radfahrstreifen ein Schutzbereich von mindestens 0,50 m Breite gegeben ist. Die angrenzenden Parkstände sind hierbei stets so tief zu dimensionieren, daß eine Mitbelegung des Schutzstreifens durch parkende Fahrzeuge nicht erfolgen muß.

Radfahrstreifen rechts neben den Parkständen des Kfz-Verkehrs kommen nur in Ausnahmefällen in Frage (z. B. bei einem starken Lieferverkehr auf der Fahrbahn; bei hohen Kfz-Geschwindigkeiten, die eine deutliche Trennung erforderlich machen). Auch in diesem Fall sind ausreichend breite Schutzstreifen zu den parkenden Fahrzeugen hin anzulegen. Darüber hinaus ist es bei der Führung des Radverkehrs rechts neben den Parkständen besonders wichtig, entsprechende Sicherungsmaßnahmen im Bereich der Grundstückszufahrten und Einmündungen zu treffen, mit denen die Erkennbarkeit und Übersichtlichkeit gewährleistet wird.

Die verkehrsrechtliche Ausweisung des Radfahrstreifens als Sonderweg für Fahrradfahrer erfolgt durch Beschilderung mit Zeichen 237 StVO. Die Zweckbestimmung als Radfahrstreifen sollte zusätzlich durch Radfahrerpiktogramme verdeutlicht werden. Problembereiche (z. B. Bereiche mit höherem Parkdruck, konflikträchtige Einmündungen und Grundstückszufahrten) sollten zusätzlich ganzflächig eingefärbt werden.

Radwege

Radwege sind so zu bemessen und einzubinden, daß sie den Radfahrern ein sicheres und leichtes Vorankommen gewährleisten können und der Fußgängerverkehr durch den Radverkehr unbeeinträchtigt bleibt. Radwege sind dementsprechend stets so breit anzulegen, daß ein ausreichender Raum für gefahrlose und die Gehwegflächen nicht beanspruchende Bewegungs- und Überholvorgänge vorhanden ist. Radfahrern muß auf Radwegen darüber hinaus – dies betrifft insbesondere Straßen mit einer hohen Nutzungsintensität und einer entsprechend starken Frequentierung durch den Fußgängerverkehr – genügend Raum für Ausweich- und Kompensationsbewegungen bei Störeinflüssen zur Verfügung stehen. Um diesem aus Sicherheitsgründen notwendigen Anforderungsspektrum Rechnung tragen zu können, sind Netto-Radwegbreiten von 1,60 m/2,00 m erforderlich.

Eine Radwegbreite von 1,60 m kommt in Frage auf Straßen mit einer schwächeren Frequentierung durch den Radverkehr. Sind höhere Radverkehrsbelastungen vorhanden oder zu erwarten oder kommt es häufiger zu Pulkbildungen im Radverkehr, so ist – wie auch auf Straßen mit einer mittleren bis hohen Nutzungsintensität – eine Radwegbreite von 2,00 m in Ansatz zu bringen. Es handelt sich hierbei um Breiten, die den Radfahrern durchgängig in tatsächlich nutzbarer Form zur Verfügung stehen müssen. Den Radweg einfassende Elemente (z. B. Klinkerbänder) zählen nicht zur Radwegbreite.

Die im Rahmen des Projektes durchgeführten Unfall- und Konfliktuntersuchungen machen deutlich, daß auf Radwegen fahrende Radfahrer in hohem Maße gefährdet sind durch unachtsam geöffnete Beifahrertüren. Der stets zwischen parkenden Fahrzeugen und dem Radweg anzulegende Schutzstreifen sollte aus diesem Grunde eine Regelbreite von 1,0 m aufweisen; eine Breite von 0,75 m ist auch bei einer geringen Parkwechselfrequenz nicht zu unterschreiten. Wird nicht geparkt, so beträgt die Regelbreite des Schutzstreifens 0,75 m, die Mindestbreite 0,50 m. Der Schutzstreifen sollte in einem vom Radfahrer schlecht und nur ungern zu befahrenen Material (z. B. Natursteinpflaster) ausgeführt werden, so daß regelmäßige Verkehrsvorgänge (z. B. Überholvorgänge von Radfahrern) nicht im Bereich des Schutzstreifens abgewickelt werden. Bei einer ausreichenden Flächenverfügbarkeit ist es anzustreben, den Schutzstreifen deutlich breiter auszuführen und zu bepflanzen.

In Bereichen mit hohem Parkdruck muß durch entsprechende Maßnahmen verhindert werden, daß parkende Fahrzeuge auf Radwegen (oder im Bereich des Schutzstreifens) abgestellt werden. Geeignet hierfür sind Poller, besonders hohe Borde oder Borde mit Doppelstufe, Pflanzbeete, niedrige Hecken oder enggestellte Baumreihen in Verbindung mit anderen Elementen. Sperrelemente sind hierbei stets im Bereich des Schutzstreifens unterzubringen, wobei bei einem dichten linienhaften Auftreten dieser Elemente ein seitlicher Abstand vom Radweg von etwa 0,40 m erforderlich ist, um die nutzbare Breite des Radweges nicht einzuschränken. Punktuell auftretende Einrichtungen (z. B. Verkehrsschilder, Lichtmasten) müssen einen Abstand von mindestens 0,20 m zum Radweg aufweisen. Die Radwege selbst sind von diesen Elementen wegen der hiermit verbundenen Unfallgefahren unbedingt freizuhalten.

Die Führung des Radverkehrs auf Radwegen muß stets begleitet sein von situationsangepaßten Sicherungsmaßnahmen im Bereich der Grundstückszufahrten und einmündenden Erschließungsstraßen. Wichtig ist vor allem die Verdeutlichung des Vorranges des Radverkehrs gegenüber dem ein- und ausfahrenden Verkehr. Der Belag des Radweges ist hierzu über die Grundstückszufahrt hinwegzuführen. Darüber hinaus ist das Höhenniveau der Radwege an den Grundstückszufahrten in der Regel beizubehalten. Die Absenkung der Zufahrt ist dementsprechend nicht auf dem Radweg selbst, sondern im Bereich des Schutzstreifens unterzubringen.

An allen stärker befahrenen Grundstückszufahrten sollte auch eine deutliche Furtmarkierung des Radweges vorgenommen werden. An besonders konfliktträchtigen Stellen sollten darüber hinaus ganzflächige (Rot-)Einfärbungen vorgenommen und Radfahrerpiktogramme aufgebracht werden. Zur Verminderung des Konfliktpotentials ist stets sicherzustellen, daß eine ausreichende Sicht auf den Radweg gegeben ist, wozu in der Regel entsprechende bauliche Maßnahmen (z. B. zur Verhinderung des Parkens) zu treffen sind.

Nach den Erkenntnissen des BASt-Projektes „Sicherung von Radfahrern an städtischen Knotenpunkten" sind Teilaufpflasterungen in den Einmündungsbereichen, über die Radwege hinweggeführt werden, ein besonders wirksames Element, um die Sicherheitsbedingungen zu verbessern. Teilaufpflasterungen sind deshalb im Verlauf straßenbegleitender Radwege besonders dann geeignet, wenn das Gefährdungspotential der Straße aufgrund einer dichten Knotenpunktlage und einer intensiven Umfeldnutzung hoch ist. Radwege mit weiten Furtabsetzungen (> 4 m) vom Rand der Hauptverkehrsstraße sind nach den Erkenntnissen des Projekts unter Sicherheitsaspekten ungünstiger zu beurteilen als solche mit geringeren Furtabsetzungen. Zu Behinderungen kommt es vor allem auf Radwegen mit einer mittleren Furtabsetzung (2 – 4 m). Es ergibt sich hieraus die Konsequenz, Radwege im Bereich von Einmündungen möglichst in nicht abgesetzter Form zu führen, wozu bei benachbartem (Längs-)Parken ein frühzeitiges Verschwenken des Radweges in Richtung Fahrbahn erforderlich ist. Wird der Radweg im Streckenverlauf demgegenüber weit abgesetzt von der Fahrbahn geführt (z. B. bei Schräg- und Senkrechtparken), so sollte diese Führung auch in den Einmündungsbereichen beibehalten werden, um ein zu starkes und evtl. häufiger wiederkehrendes Verschwenken des Radweges zu vermeiden. Es sind dann im Bereich der Einmündungen besonders intensive Sicherungsmaßnahmen (z. B. Teilaufpflasterungen) erforderlich.

Radwege sind stets in taktil (für Sehbehinderte) deutlich wahrnehmbarer Form von den benachbarten Gehwegen (z. B. durch eine andere Oberflächenstruktur und/oder Anlage eines Trennstreifens) abzugrenzen. Zur Vermeidung von Sturzgefahren sollten Radweg und Gehweg in gleicher Höhe angelegt werden. Besonders gefährdungsträchtig sind Ausführungen mit nur geringen Höhendifferenzen (z. B. 2 – 3 cm). Eine höhenungleiche Lage von Rad- und Gehweg – wobei die Höhendifferenz dann etwa 6 – 8 cm betragen sollte – ist lediglich dann zulässig, wenn eine besonders deutliche Trennung zwischen dem Rad- und dem Fußgängerverkehr gewünscht ist, der Radweg (Einrichtungsbetrieb) mindestens 2,50 m breit sein kann und auch der Gehweg in einer anspruchsgerechten Breite dimensioniert werden kann.

Vom baulichen Zustand her sollten Radwege stets so beschaffen sein, daß durch den Radverkehr eine anspruchsgerechte Befahrbarkeit gegeben ist. Hierzu gehören eine ebene, griffige und erschütterungsfrei zu befahrene Oberfläche sowie entsprechend gut zu befahrene Knotenübergänge. Neben einer anforderungsgerechten Breitengebung sowie einer situationsangepaßten Detailausgestaltung des Radweges ist dies die Grundvoraussetzung für eine zufriedenstellende Akzeptanz der Radverkehrsanlage.

9 Literatur

[1] ALRUTZ, D.: Sicherung des Radverkehrs bedeutet mehr als nur Radwege; Straßenverkehrstechnik, Heft 2/1990

[2] ALRUTZ, D.; FECHTEL, H.-W.; KRAUSE, J.: Dokumentation zur Sicherung des Fahrradverkehrs; Unfall- und Sicherheitsforschung Straßenverkehr, Heft 74; Hrsg.: Bundesanstalt für Straßenwesen; Bergisch Gladbach 1989

[3] ALRUTZ, D.; HEINTORF, S.: Zulässigkeit des Radverkehrs auf linksliegenden Radwegen; Mitteilungen der Beratungsstelle für Schadenverhütung, Nr. 25; Köln 1983

[4] ALRUTZ, D.; MEEWES, V.: Untersuchungen zum Radverkehr in Köln; Mitteilungen der Beratungsstelle für Schadenverhütung, Nr. 16b; Köln 1980

[5] ANGENENDT, W.: Sicherheitsverbesserungen in Geschäftsstraßen mit Durchgangsverkehr; Forschungsberichte der Bundesanstalt für Straßenwesen, Bereich Unfallforschung, Heft 244; Bergisch Gladbach 1991

[6] ANGENENDT, W.: Sichere Gestaltung markierter Wege für Fahrradfahrer, Band 2; Forschungsberichte der Bundesanstalt für Straßenwesen, Bereich Unfallforschung, Heft 202; Bergisch Gladbach 1989

[7] ANGENENDT, W.; HAUSEN, C.; JANSEN, U. u. V.; WUTSCHKA, J.: Sichere Gestaltung markierter Wege für Fahrradfahrer, Band 1; Forschungsberichte der Bundesanstalt für Straßenwesen, Bereich Unfallforschung, Heft 123; Bergisch Gladbach 1985

[8] ANGENENDT, W.; ERKE, H.; HOFFMANN, G.; MARBURGER, E.; MOLT, W.; ZIMMERMANN, G.: Situationsbezogene Sicherheitskriterien im Straßenverkehr; Projektgruppenberichte der Bundesanstalt für Straßenwesen, Bereich Unfallforschung, Heft 18; Bergisch Gladbach 1987

[9] BACH, O.; JORGENSEN, E.; ROSBACH, O.: Cykelstier i byer – den sikkerhedsmaessige effekt; Vejdirektoratet; Naestved/Dänemark 1985

[10] BRACHER, T.: Sicherheitsprobleme auf Radwegen – Verkehrspolitische Forderungen aus neuen Untersuchungen; in: Internationales Verkehrswesen 40, Heft 5; 1988

[11] DRAEGER, W.: Komfort und Sicherheit von Radwegen im Vergleich zur Fahrbahnbenutzung; in: Fahrrad Stadt Verkehr; II. Tagungsband; Darmstadt 1988

[12] DRAEGER, W.; HAHN-KLÖCKNER, H.: Leichtigkeit; Sicherheit und Akzeptanz von Radverkehrsanlagen; in: Städte- und Gemeindebund, Heft 11/1987

[13] FALKENBERG, G.; WEWERS, B.: Untersuchung über Maß und Zahl des Radverkehrs; F+E Vorhaben 77202/87; Bergisch Gladbach/Bonn 1988

[14] FORSCHUNGSANSTALT FÜR STRASSEN- UND VERKEHRSWESEN: Empfehlungen für Planung, Entwurf und Betrieb von Radverkehrsanlagen; Köln 1982

[15] FORSCHUNGSANSTALT FÜR STRASSEN- UND VERKEHRSWESEN: Empfehlungen für die Anlage von Hauptverkehrsstraßen (EAHV); Köln, Entwurf 1991

[16] FORSCHUNGSANSTALT FÜR STRASSEN- UND VERKEHRSWESEN: Erfahrungen mit dem dreistelligen Unfalltypenkatalog; Arbeitspapier Nr. 24; Köln 1990

[17] FORSCHUNGSANSTALT FÜR STRASSEN- UND VERKEHRSWESEN: Merkblatt für die Auswertung von Straßenverkehrsunfällen; Köln 1974

[18] KALENDER, U.: Entwicklung, Erhebung und Gefährdung des Radverkehrs am Beispiel Berlin; in: Unfall- und Sicherheitsforschung Straßenverkehr; Heft 49, 1984

[19] KASSACK, H.; OHRNBERGER, D.: Radweg-Planung; Grundlagen und Empfehlungen zur Entwurfsgestaltung von Wegen und Straßen für Radler; Bremen 1981

[20] KELLER, H.; LANG, H.; PLOSS, G.: Bereichsweise Unfalldatenauswertung zur Fortschreibung der Radwegeplanung der Landeshauptstadt München; Arbeitsberichte zur Stadtentwicklungsplanung; München 1988

[21] KLÖCKNER, J.: Wo, wie und warum verunglücken Radfahrer? in: Radfahren – aber sicher! Forschungsberichte der Bundesanstalt für Straßenwesen, Bereich Unfallforschung, Heft 190; Bergisch Gladbach 1989

[22] KNOCHE, G.: Einfluß von Radwegen auf die Verkehrssicherheit; Band 2: Radfahrerunfälle auf Stadtstraßen; Forschungsberichte der Bundesanstalt für Straßenwesen, Bereich Unfallforschung; Köln 1981

[23] LUDA, H.; BRACHER, T.; THIEMANN, J.: Zusammenfassende Auswertung von Forschungsarbeiten zum Radverkehr in der Stadt; Schriftenreihe Forschung Stadtverkehr; Heft A7, 1991

[24] MEEWES, V.: Sicherheitsdefizite in Städten und Gemeinden; in: Unfall- und Sicherheitsforschung Straßenverkehr; Heft 49, 1984

[25] PAUEN-HÖPPNER, U.: Sichere Fahrradnutzung in der Stadt; Forschungsberichte der Bundesanstalt für Straßenwesen, Bereich Unfallforschung, Heft 235; Bergisch Gladbach 1991

[26] PAUEN-HÖPPNER, U.; HÖPPNER, M.; KRÜLL, J.: Straßenverkehrsunfälle mit nichtmotorisierten Verkehrsteilnehmern im Bezirk Tiergarten von Berlin; Gutachten im Auftrag des Bezirkamtes Tiergarten; Berlin 1992

[27] PFUNDT, K.; ALRUTZ, D.; HÜLSEN, H.: Empfehlungen für Planung, Entwurf und Betrieb von Radverkehrsanlagen; Empfehlungen der Beratungsstelle für Schadenverhütung, Nr. 3; Köln 1982

[28] PFUNDT, K.: Kölner Protokoll '89 zum Radverkehr; Mitteilungen der Beratungsstelle für Schadenverhütung, Nr. 30; Köln 1989

[29] RUWENSTROTH, G.; KULLER, E. C.; GERSEMANN, D.: Regelabweichendes Verhalten von Fahrradfahrern; Forschungsberichte der Bundesanstalt für Straßenwesen, Bereich Unfallforschung, Heft 142; Bergisch Gladbach 1986

[30] SCHNÜLL, R.; ALBERS, A.; HALLER, W.; KORTENHAUS, T.: Städtebauliche Integration von innerörtlichen Hauptverkehrsstraßen – Maßnahmenuntersuchung und Empfehlungen; Heft 03.118 der Schriftenreihe Städtebauliche Forschung des Bundesministers für Raumordnung, Bauwesen und Städtebau; Bonn 1986

[31] SCHREIBER, K.; HAHN, D.; ZMECK, D.: Verbesserungen für den Fahrradverkehr in Berlin (West); Gutachten im Auftrag des Senators für Verkehr und Betriebe; Berlin 1987

[32] SIEGENER, W.; LENHART, W.: Analyse von Unfalldunkelziffern; Forschungsberichte der Bundesanstalt für Straßenwesen, Bereich Unfallforschung, Heft 134; Bergisch Gladbach 1986

Anlagen

RADVERKEHRSBEZOGENE TYPISIERUNG DES UNFALLGESCHEHENS

|1|0|0| ALLEIN-UNFÄLLE

Unfälle ohne Mitwirkung eines anderen Verkehrsteilnehmers bei der Unfallentstehung / Unfälle der Typen 1 und 7 (teilweise) des Unfalltypenkatalogs

|1|1|0| Alleinunfall infolge eines Fahrfehlers
|1|2|0| Alleinunfall (Sturz) infolge Alkohols
|1|3|0| Alleinunfall durch Gepäck / Lasten
|1|4|0| Alleinunfall durch einen plötzlich auftretenden Schaden am Fahrrad
|1|5|0| Alleinunfall infolge eines baulichen Mangels der Straße
|1|6|0| Alleinunfall infolge des Straßenzustandes (Eis, Glätte)
|1|7|0| Alleinunfall infolge eines vorübergehend vorhandenen Hindernisses
|1|8|0| Alleinunfall durch einen Straßenausstattungsgegenstand
|1|9|0| Alleinunfall aus ungeklärten Gründen / sonstige Alleinunfälle

|2|0|0| ABBIEGE-UNFÄLLE

|2|1|0| Unfälle zwischen geradeausfahrenden Radfahrern und abbiegenden Kraftfahrzeugen

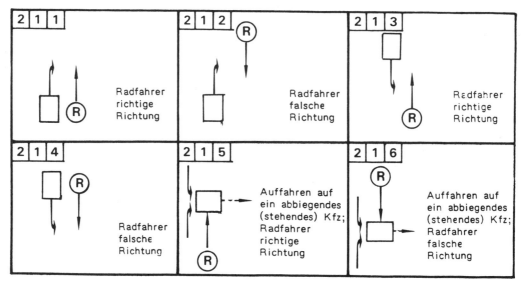

|2|2|0| Unfälle zwischen abbiegenden Radfahrern und entgegenkommenden Kraftfahrzeugen

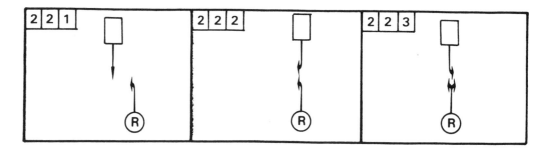

230 Unfälle zwischen abbiegenden Radfahrern und nachfolgenden Kraftfahrzeugen

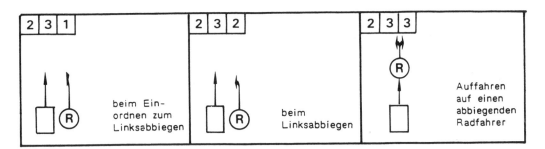

240 Unfälle zwischen abbiegenden Radfahrern und Fußgängern im Längsverkehr

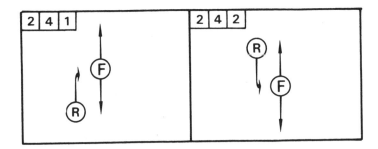

250 Abbiege-Unfälle unter alleiniger Beteiligung von Radfahrern

260 Sonstige Abbiege-Unfälle

300 EINBIEGEN / KREUZEN-UNFÄLLE

310 Unfälle zwischen Radfahrern in Längsrichtung und einbiegenden Kraftfahrzeugen

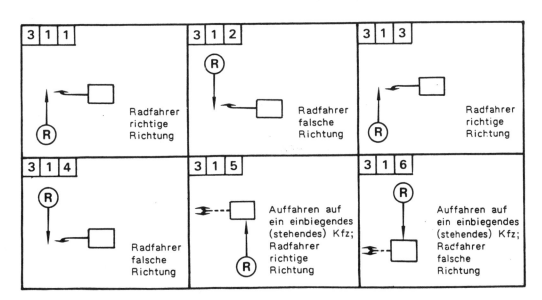

|3|2|0| Unfälle zwischen Radfahrern in Längsrichtung und kreuzenden Kraftfahrzeugen

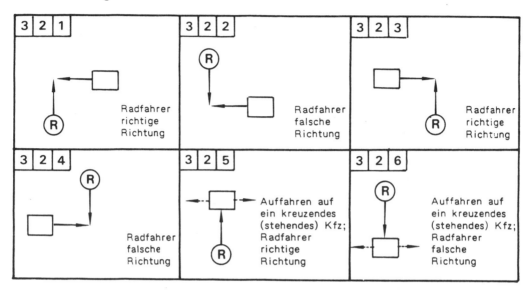

|3|3|0| Unfälle zwischen einbiegenden Radfahrern und kreuzenden Kraftfahrzeugen

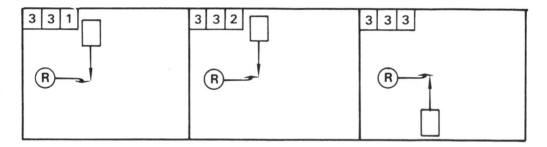

|3|4|0| Unfälle zwischen querenden Radfahrern und einbiegenden / kreuzenden Kraftfahrzeugen

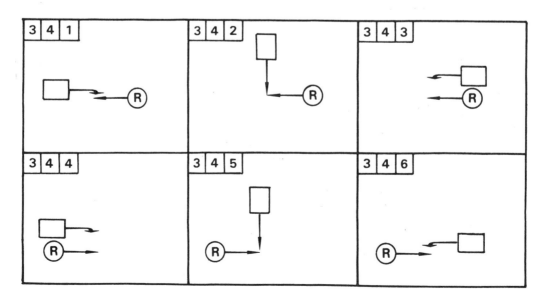

[3][5][0] Einbiegen / Kreuzen-Unfälle zwischen Radfahrern und Fußgängern

[3][6][0] Einbiegen / Kreuzen-Unfälle unter alleiniger Beteiligung von Radfahrern

[3][7][0] Sonstige Einbiege / Kreuzen-Unfälle

[4][0][0] UNFÄLLE MIT QUERENDEN FUSSGÄNGERN

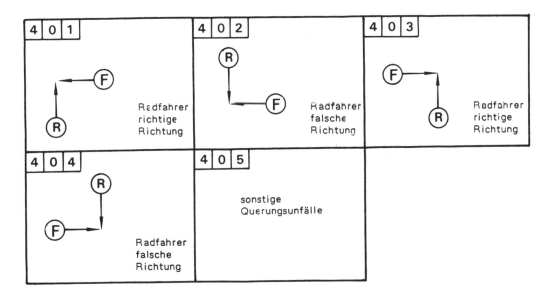

[5][0][0] UNFÄLLE MIT DEM RUHENDEN VERKEHR

[5][1][0] Unfälle durch das Öffnen einer Wagentür

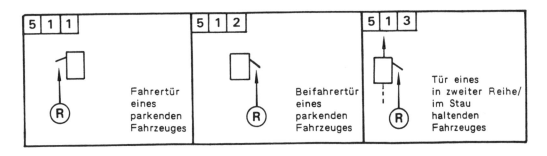

[520] Unfälle mit parkenden Fahrzeugen

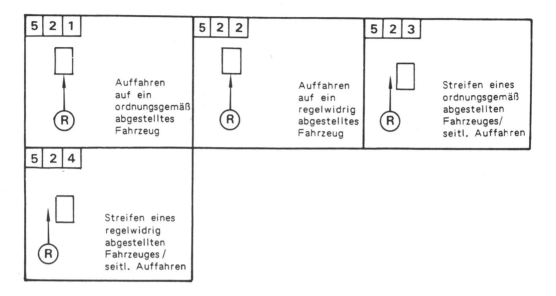

[530] Unfälle mit anhaltenden / einparkenden Kraftfahrzeugen

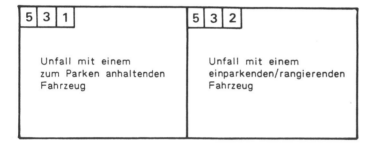

[540] Unfälle mit anfahrenden oder ausparkenden Kraftfahrzeugen

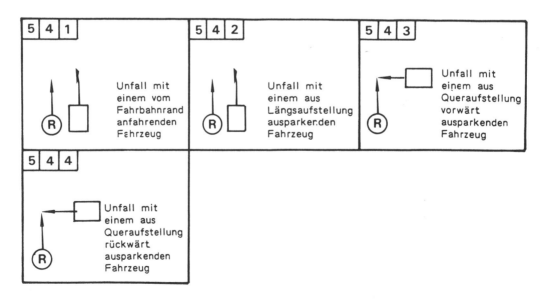

[550] Sonstige Unfälle mit dem ruhenden Verkehr

600 UNFÄLLE IM LÄNGSVERKEHR

610 Unfälle im Parallel- / Begegnungsverkehr zwischen Radfahrern und Kraftfahrzeugen

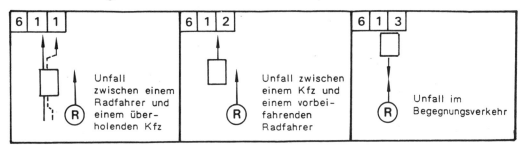

- 611 Unfall zwischen einem Radfahrer und einem überholenden Kfz
- 612 Unfall zwischen einem Kfz und einem vorbeifahrenden Radfahrer
- 613 Unfall im Begegnungsverkehr

620 Unfälle zwischen vorausfahrenden und nachfolgenden Radfahrern / Kraftfahrzeugen

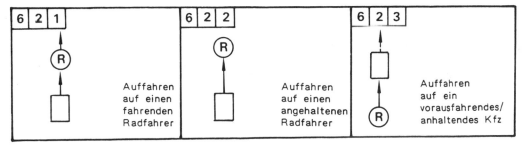

- 621 Auffahren auf einen fahrenden Radfahrer
- 622 Auffahren auf einen angehaltenen Radfahrer
- 623 Auffahren auf ein vorausfahrendes/ anhaltendes Kfz

630 Unfälle in Verbindung mit Spurwechsel- / Ausweichvorgängen

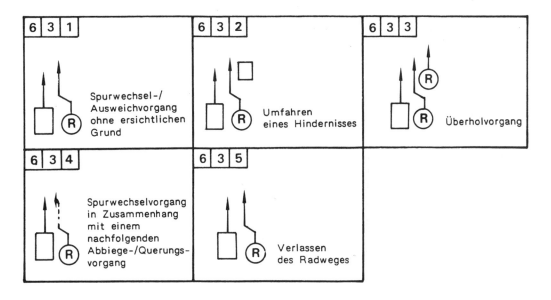

- 631 Spurwechsel-/ Ausweichvorgang ohne ersichtlichen Grund
- 632 Umfahren eines Hindernisses
- 633 Überholvorgang
- 634 Spurwechselvorgang in Zusammenhang mit einem nachfolgenden Abbiege-/Querungsvorgang
- 635 Verlassen des Radweges

|6|4|0| Unfälle im Parallelverkehr unter alleiniger Beteiligung von Radfahrern

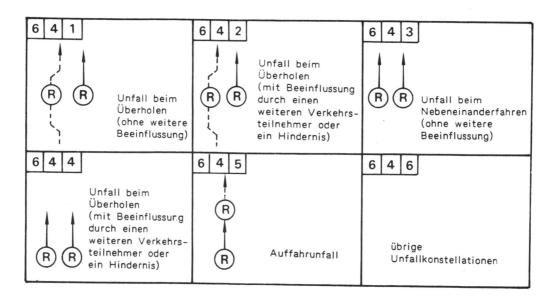

|6|5|0| Unfälle im Begegnungsverkehr unter alleiniger Beteiligung von Radfahrern

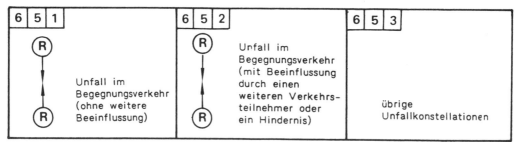

|6|6|0| Unfälle im Längsverkehr zwischen Radfahrern und Fußgängern

|6|7|0| Sonstige Unfälle im Längsverkehr

|7|0|0| SONSTIGE UNFÄLLE

|7|1|0| Unfälle in Zusammenhang mit Wendevorgängen von Kraftfahrzeugen

|7|2|0| Unfälle in Zusammenhang mit Rückwärts-Fahrvorgängen von Kraftfahrzeugen

|7|3|0| Alle übrigen Unfälle

Schriftenreihe

Berichte der Bundesanstalt für Straßenwesen

Unterreihe „Verkehrstechnik"

V1: Leitfaden Parkraumkonzepte
von H. P. Appel, R. Baier und A. Wagener
132 Seiten, 2. Auflage 1993   kostenlos

V2: Langzeitwirkung von Streusalz auf die Umwelt
von H.-G. Brod
168 Seiten, 1993   DM 37,00

V3: Wirksamkeit und Wirtschaftlichkeit von Taumittelsprühanlagen
von H. Wirtz und K. Moritz
36 Seiten, 1993   DM 20,00

V4: Sicherheitsbewertung von Querungshilfen für den Fußgängerverkehr
von K. Füsser, A. Jacobs und J. Steinbrecher
240 Seiten, 1993   DM 46,00

V5: Sicherheitsbewertung von Querschnitten außerörtlicher Straßen
von U. Brannolte, H.-B. Barth, R. Schwarzmann, W. Junkers, Y. Liu, H. Sigthorsson und J. Stein
148 Seiten, 1993   DM 34,00

V6: Schutzeinrichtungen an Bundesfernstraßen
von R. Schnüll, N. Handke, F. Gause, B. Göcke, P. Patzschke, U. Prenzlow, Th. Schröder, St. Wiebesiek, W. Engel
112 Seiten, 1993   DM 30,00

V7: Ortsdurchfahrt Much
von A. Moritz, E. Rossbander, W. Brilon und H. Blanke
132 Seiten, 1993   DM 32,00

V8: Verkehrssicherheit und modernes Verkehrsmanagement
Symposion der Deutschen Verkehrswacht am 29. Oktober 1992 in Stuttgart
52 Seiten, 1993   kostenlos

V9: Verkehrssichere Anlage und Gestaltung von Radwegen
von W. Angenendt, J. Bader, Th. Butz, B. Cieslik, W. Draeger, H. Friese, D. Klöckner, M. Lenssen und M. Wilken
96 Seiten, 1993   DM 28,00

Zu beziehen durch:
Wirtschaftsverlag NW
Verlag für neue Wissenschaft GmbH
Postfach 10 11 10
D-27511 Bremerhaven
Telefon (04 71) 4 60 93–95, Telefax (04 71) 4 27 65